改訂版

現代に映る浄土

鈴木大拙、西田幾多郎に学んで

釈　凡生

【凡例】
※引用文に関して、現代的に読みやすいよう配慮している部分があります。（旧漢字を新漢字もしくは平仮名に変更、旧仮名遣いを現代仮名遣いに変更、括弧の省略）
※訳文については、すべて著者自身が独自に解釈したものとなっています。

目次

序　信仰心は何処に

現代の信仰

今日の世界に目を向けてみますと、それぞれが自国の立場を優先するあまりに信頼関係は希薄となり、誰もが先の見えない未来に不安を抱いているようにさえ感じます。

また、この日本を振り返ってみても、数多くの社会問題を抱えながら根本的な解決への道筋は見えず、私たちの心は今にもパンクしそうなほど張りつめてしまっているのではないでしょうか。

そして、それらの問題と向き合う上で、私たち現代人は当然のごとく科学的、論理的な立場から答えを導き出そうとしているように見受けられます。

もちろん、そのような立場が大切なことは改めて言うまでもありませんが、その一方で現代の複雑な社会問題というものは、外面的な善悪や損得のみの基準で答えを見出そうとしても、なかなか本質的な解決への道のりは見えてこないようにも思います。

なぜならば、科学や経済が全盛となり、人が物や環境を支配するようになった反面で、私たちは物や環境、ひいては他者に対しての謙虚な心というものを失いつつあるように感じられてならないからです。そして、もし様々な問題の背景にそのような「人間中心主義」ともいうべき姿勢が影響しているとすれば、その解決にはさびてしまった車輪のもう片方を回すこと、すなわち人間存在そのもののあり方を問い直すことが求められている、と言っても過言ではないでしょう。

過去に生きた人々は、それぞれの時代に訪れた困難と向き合うために信仰を必要とし、そしてその背景には偉大な宗教者と生きた教えが存在しました。

確かに現代的な考え方からすれば、宗教など安易に信ずべきでないのももっともであり、歪んでしまった信仰は犯罪の温床ともなりかねません。

しかしながら、本来の信仰とは私たちが日々の生活を感謝の気持ちで過ごすための土台となりうる役割を果たしてきたものであり、また生命そのものと直に向き合うための大切な教えでもあったはずなのです。そう考えると、信仰心の入る余地のない社会というのは、決して健全な社会とはいえないようにも思います。

私たち人間は感覚や知覚、つまり目・耳・鼻・舌・皮膚・意識で感じるままに世の中を見ています。それはつまり、誰もが意識せずとも当たり前に人間中心の立場から世の中を見ているといってもよいでしょう。そうしてみると、たとえ科学の発展によって宇宙の果てが尽くされたとしても、結局それは人間だけに当てはまる見方であって、普遍的な真理と断言することなどできないのではないでしょうか。私たちが今ここで見ている世界は、世の中のありのままの真理というよりも「人間を中心にした世の中の真理」と言った方が適切ではないかと思うのです。

もちろん、人間中心の立場だからこそ社会がこれだけ発展し、豊かになっているのは事実であり、私たちにとってそれ以上何が必要とされるのかと思われるのもよく分かります。ただ、一方でそのような世界がすべてと決めつけてしまうときに、おごりや慢心といった負の感情が大きくなってくるようにも思うのです。

昔の人々は科学が発達していなかったために自然と信仰心を生じたこと、そして今よりも環境と共生することが容易であったことなどは、確かに事実といえるでしょう。現代は科学や経済の発展によりある程度生活も豊かになったのだから、過去を振り返ることなど無意味であるという意見も、どこからか聞こえてきそうです。

しかし、そうかといって宗教が現代社会にそぐわないと考えてしまうのも、結論が早すぎるような気がします。

本当の信仰とは、人間中心に考えられている見方を離れていくことで、はじめて見えてくるものであると識者は言います。それは仏教的に言えば、さまざまな仏の存在自体を崇めることにその意義があるのではなく、教えの本質をつかむところにこそ核心があると受けとめられるように思います。

そして、もしそうであるとすれば、それはいかに近代的になろうとも決して色あせることのない、永遠の真理として受けとめることも可能になってくるはずです。

仏教というもの

皆さんは、「仏教」と聞いてどのようなイメージを思い浮かべるのでしょうか。

もちろん専門的に学んでいたり、僧侶として活動している方々であれば、いろいろ詳しい話を聞かせてくれるのかもしれません。しかし、一般の立場から見た仏教は、それらの方々のイメージとは一線を画しているようにも感じられます。

例えば一般的なイメージとしては、お寺でお経をあげてもらうことや、お参りで願掛けをすることなどが挙げられるでしょう。また、もう少し詳しくなれば「ナムアミダブツ」や「ナムミョウホウレンゲキョウ」と称えたり、座禅を行うことなどにも考えが及ぶのかもしれません。けれども、なぜそのように称えるのか、なぜ座禅をするのかと話が進んでくると、その答えを聞くことがとたんに難しくなってしまいます。

要するに、現代の仏教は固定化されたしきたりのようなイメージが先行してしまい、教えの中身が非常に見えにくくなっているのが実情であるように思われます。

ましてやさとりの境地などといえば、半ば冗談のように聞こえてしまい、私たちとは全く無縁の話と一笑に付されて、それで話は終わってしまうでしょう。

しかし、お釈迦《しゃか》様のさとりをもとにした仏教とは、本当に雲の上をつかむような、私たちの日常には手の届くことのない教えだったのでしょうか。

現在日本に存在している仏教の宗派は「大乗仏教《だいじょう》」と呼ばれていますが、大乗というのは大きな乗り物という意味になり、それは出家した僧侶だけではなく、一般の人々をも含めたすべてが救いの対象になることを意味します。つまり、大乗仏教とは僧侶の方々だけが知っておけばよい教えなどではなく、それが一般にまで浸透し、社会生活の支えとなるような役割を果たしていくべきものであったはずなのです。

しかしながら、現代は仏教に何を求めればよいのか、という根本的な部分がとても分かりにくくなっており、それが私たちの生活から仏教が離れてしまう大きな要因となっているようにも見受けられます。

例えば念仏やお題目《だいもく》を称え、それだけで安心《あんじん》の境地に至ったという人が一体どのくらいいるのでしょうか。私自身もただ声に出して称えるだけでは、何ら気持ちの変化などを感じとることはできませんでした。

結局これらの教えは、自分自身の心の内に、その教えの真意ともいうべきものをはっきりと自覚できたときに、初めて意味あるものとして私たちの心に響いてくるのではないかと思います。

私たちは日頃あまり意識はしていないのかもしれませんが、本当は誰もが心のよりどころとなるような何かを欲しているのではないでしょうか。そして、時代によって状況は異なれども、仏教とは本来そのような何かを与え続けてくれていたはずなのです。しかし、改めて現代を振り返ってみますと、仏教が私たちの支えになるような何かを与えてくれるとは、言い難い状況にあると言わざるを得ません。

確かに、お葬式や法事などで人生の指針となるような話を聞くことができたり、私たちが少し積極的に動くことで、宗派の教えを具体的に教えてもらえたり、また禅宗においては座禅を組むことなどもできるでしょう。ただ、それでも結局その先にあるはずの仏教的な安心の境地がよく分からない、というのが率直な感想なのではないでしょうか。

厳しい言い方になりますが、たとえ道徳的に良い話を聞くことや、過去の仏教者の言葉を取りあげることでありがたみを感じることはあっても、それだけではなかなか、私たちの抱える日常的な悩みや困難に対して直接の支えとなるような、心の奥底にまで響いてくるような教えとして受けとめることは難しいように思います。

そうしてみると、結局私たちが本当の仏教を知るためには、過去に足跡を残してくれた仏教者の思想を足がかりにしつつ、自らの手でそのありかを探っていかざるを得ない状況にあるのではないか、とさえ感じられてしまいます。


私は本書において、日本仏教の数ある宗派の中から主に浄土真宗の教えを取りあげていくつもりです。ただ、浄土真宗とはいっても、ここでの内容は開祖である「親鸞《しんらん》聖人」の説いていた教えそのものに焦点を当てているため、本書ではあえて浄土真宗とは呼ばずに「浄土仏教」とさせていただければと思います。

第一章では浄土仏教についての歴史を簡単に振り返り、また親鸞聖人の人物像と教えの中身を詳しく見ていきます。

　また第二章、第三章では、明治から昭和にかけて活躍した鈴木大拙《だいせつ》、西田幾多郎《きたろう》両氏の思想について述べていきますが、ここで両氏を取りあげた理由としては、その思想の内に親鸞聖人にも通ずる宗教の本質的な部分を感じとることができるからです。まとまりに欠ける面はありますが、ぜひその点に着目して読み進めていただければと思います。

　第四章では先に挙げました三者の共通点に触れつつ、浄土仏教を現代的にどう受けとめていくべきかについて考え、そして最後の第五章では仏教と向き合うための具体的な方法について、私なりの意見を交えながら考察しています。

　正直力不足な点も多く、仏教を専門的に学んでいる方々にとってはご満足いただける内容ではないのかもしれません。しかし、ここでは仏教の内容そのものではなく、信仰のあり方について論じていると受け取っていただけたら幸いです。また、ここでは浄土宗や浄土真宗などの教学に対しては全く配慮せずに論じていることも、合わせてご承知いただきたく思います。

第一章　浄土仏教と親鸞聖人

浄土仏教とは

浄土仏教とは二千年ほど前にインドで成立した経典の中にその根拠がみられ、特に代表的なものとしては「浄土三部経（無量寿経《むりょうじゅ》、観無量寿経《かんむりょうじゅ》、阿弥陀経《あみだ》）」を挙げることができます。そしてこれらの経典には、教えの中心となる「極楽浄土」や「阿弥陀如来」の内容について、詳しく説かれているのです。

例えば無量寿経の中に出てくる話を一つご紹介しますと、過去に「法蔵《ほうぞう》」という名前の修行者がおり、法蔵は「罪深い生活から逃れられない民衆が、一人残らず救われますように」との誓いを立てて果てしなく長い間修行にはげみ、ついにその願いが叶ってすべての人々を救う阿弥陀如来になることができた、との逸話が説かれています。そして、永遠の寿命と無限の光とを兼ね備えた阿弥陀如来は、今現在も私たちが極楽浄土へと迎えられるように（往生できるように）はたらいているとされており、それが阿弥陀如来成立の由来ともなっているのです。

このように、もともとはインドで成立した浄土仏教ですが、その後時代を経るにしたがってインドから中国、朝鮮半島、そして日本へと東に向かって伝わっていき、教えの内容もそれぞれの地域で独自に解釈され、変容していくことになります。

例えば中国には二世紀頃に教えが伝わり、その後大きく発展していきますが、中でも特に触れておきたい人物としては、七世紀頃に活躍した「善導大師《ぜんどうだいし》」を挙げることができます。

善導大師は著書である「観経疏《かんぎょうしょ》」の中で、現代の人々にもなじみの深い称名念仏、つまり声に出して称える念仏こそが、極楽往生のためには最も大切であると説いていますが、例えばその観経疏の一節には以下のような言葉がみられます。

「仏の本願に望むるに、意、衆生をして一向にもつぱら弥陀仏の名を称せしむるにあり。」（注一）

【訳文】
阿弥陀如来の本願というのは、私たちにただひたすら心を込めて、ナムアミダブツとその名前を称えさせることにあるのです。

浄土仏教とは本来阿弥陀如来を讃えたり、心に念じたりすることが教えの中心として考えられてきましたが、大師によって教えは称名念仏に集約されていき、その考え方はのちの日本仏教にも大きな影響を及ぼすことになるのです。

そして、この日本においては六世紀の飛鳥時代に朝鮮半島から仏教が伝わり、当時から浄土仏教もごく一部の知識人には知られる存在であったようです。

その後平安時代に入ると、浄土の教えは貴族社会にまで浸透していきますが、いまだ広く一般民衆に伝わっていたとまでは言い難い状況にありました。例えばその時代を代表する建造物としては、京都の宇治市にある「平等院鳳凰堂」を挙げることができますが、もう一つこの時代に特徴的なものとして「臨終行儀」という言葉を説明してみたいと思います。

臨終行儀とは死期の迫った者に対する作法のようなものですが、具体的に言えば北枕で西向きに体を傾け、仏像の手と自分の手とを糸で結び付けておき、そして立ち合いの人々が念仏を称えたりすることによって、死後に極楽往生できると信じられていたことを意味します。つまり、当時の浄土信仰とは「死期を迎える間際」になったときに、いかにして極楽浄土に気持ちを傾けられるのかが重要視されていたことになるわけです。

また、一方で平安時代には仏教の聖地といわれる「比叡山延暦寺」の中でも、浄土信仰が盛んになりつつありました。なかでも特に代表的な人物としては「恵心僧都源信《げんしん》」を挙げることができ、その著書である「往生要集」においては地獄や極楽の姿が見事に描きだされ、特に地獄の恐ろしさについては、当時の人々に対して非常に大きなインパクトを与えることになったとも言われています。

その後鎌倉時代に入る頃、のちに浄土宗の開祖となる「法然《ほうねん》上人」がエリートコースであった比叡山僧侶の道をみずから離れ、一般民衆の間で浄土仏教を説き広めていくようになります。法然上人は先に述べた善導大師の教えを手引きとし、若くして亡くなるような方がとても多く、混迷を極めていた時代の中で、当時の人々が受け入れやすい称名念仏を前面に押し出して主張するようになるのです。

例えば、上人が亡くなる直前に書いた「一枚起請《きしょう》文」には以下のような言葉がみられます。


「ただ往生極楽のためには南無阿弥陀仏と申して、疑なく往生するぞと思ひとりて申すほ

かには別の子細候はず。」（注二）

【訳文】

極楽に往生するためには、ナムアミダブツと称えて必ず往生するのだと願うほかには、必要なことなど何もありません。

法然上人は、浄土仏教を非常に易しい称名念仏として広く一般民衆に伝えていきますが、もちろんそのように説いていた上人自身には、その教えを裏付けるだけの深い信仰心があったことも忘れてはならないでしょう。

一般民衆の中で易しい教えを説く法然上人は、当時仏教界から異端者として扱われていましたが、その一方で教えに賛同する数多くの弟子も存在しており、その内の一人にはのちの浄土真宗開祖となる親鸞聖人の姿がありました。

親鸞聖人は法然上人の教えをとても大切にしつつ、その教えをさらに深く発展させていくことになります。当時の浄土仏教といえば当然のように称名念仏を意味していましたが、聖人は念仏以上に「信心」を得ることを重要視し、そして念仏や信心とは私たちが自ら起こすものではなく、「阿弥陀如来からいただくものである」という姿勢を強調していくことになるのです。そのような姿勢は「絶対他力」とも形容されますが、信仰が仏の側からのはたらきかけによって成り立つところに、その特徴が強く表れているといってよいでしょう。

その後、親鸞聖人亡き後には廟堂（お墓）が発展して「本願寺」と呼ばれるようになったり、その教えを守ろうとする信者が主となって教団が作られたりした結果、教えはいくつかに分かれて維持されていくことになります。

そして室町時代に入ると、小規模であった本願寺の内に「蓮如《れんにょ》上人」という人物が現れ、教えを広く伝えるために積極的な活動を展開していくことになるのです。蓮如上人は親鸞聖人の教えを非常に重んじていましたが、一方でその教えには上人自身の個性が強くにじみ出ているようにも感じられます。

「弥陀を一心にたのみたてまつるも、なにの功労もいらず。また信心をとるといふもやすければ、仏に成り極楽に往生することもなほやすし。」（注三）

【訳文】

阿弥陀如来に心を傾けて頼みとすることには、何の苦労もいりません。また信心を得ることも易しければ、極楽に往生することなどさらに易しいのです。

蓮如上人は阿弥陀如来との向き合い方について「一心一向にたのむ」という表現を多用していますが、このような信仰を求める側の積極的な態度とも受け取れる言葉については、親鸞聖人の著作においてはあまり見られなかったものと考えてよいように思われます。また、上人は浄土の教えをとても易しいと言っていますが、親鸞聖人は信心を得ることはとても難しいものと受けとめていました。

しかし、そうなると双方の教えはその難易度において相違することになってしまうでしょう。その点について蓮如上人は「宿縁《しゅくえん》」、つまり私たちの運命を当てはめており、縁のないものが信心を得ることは難しいものの、因縁さえ熟せば信心を得ることは易しいものだと考えていたようです。要するに、信心を得るための道のりがけわしいわけではなく、信心と縁を結ぶことが難しいと解釈していたことになるでしょう。

このように、蓮如上人の教えにはいくつかの点においてその独自性が垣間見えますが、それは上人が親鸞聖人の教えを理解していなかったわけではなく、当時の人々に分かりやすく伝わるようにと、創意工夫を行っていたのではないかと察することができそうです。上人は「御文章《ごぶんしょう》」と呼ばれる、信仰の要点を書き記した一般向けの文章を世間に広めたり、紙に書かれた名号を配ったりするなどして、できるだけ多くの人々に浄土信仰を広めようと尽力していきました。その結果、教えは世間一般にまで大きな広がりを見せることになり、のちの本願寺を飛躍的に発展させることにもつながったのです。

そして、蓮如上人亡きあとも力を増していった本願寺教団は、団結力を武器として一時は北陸地方の一国を支配するほどまでにその勢力が拡大していきました。上人自身は宗教と武力とを混同しないようにとても気を配っていましたが、その意向とは裏腹に、戦国時代における本願寺教団は強大な武力を備えた集団としての地位を築きあげていくことになるのです。

なかでも特に有名な出来事としては、織田信長との戦いとなった「石山合戦」を挙げることができるでしょう。

しかし、長い戦いの末石山合戦に敗れたのちは武力的な力を発揮することもなくなり、江戸時代に入ってからは檀家《だんか》制度に組み込まれつつ、現在のような教団の形が徐々に出来あがっていくことになるのです。

親鸞《しんらん》聖人の生涯

貴族社会から武家社会への移り変わりによって、混迷を極めていた平安時代末期の頃、親鸞聖人は京都で下級公家の家柄であった、日野家の長男として出生したと伝えられています。

当時の日野家はけっして裕福とはいえない状況にあり、聖人は叔父に伴われて、九歳の時には天台宗僧侶となるために家を出ることになります。

その頃比叡山ではおみくじを作ったことで有名な「元三大師良源《りょうげん》」や、往生要集を記した恵心僧都源信などによって「天台浄土教」とも呼ばれる教えが確立していましたが、そのような状況のもと、聖人は横川という区域を拠点にして二十年もの間修行に励んでいくことになるのです。

しかし、長い間の修行を経ても仏教に対する疑問が解決できず、自身の行くべき道の見えなかった親鸞聖人は、二十九歳になった頃、疑問の解決を求めて京都市中の六角堂と呼ばれるお堂に「百日参籠」すなわち百日もの間お参りし続けようと思い定めます。そしてその百日参籠が終盤に差し掛かった頃、当時京都市中で念仏の教えを説いていた法然上人のもとに向かう意志が固まったとも伝えられているのです。

その後比叡山を離れることになった親鸞聖人は、法然上人が念仏の教えを説いていた京都東山の「吉水草庵」に何日もの間通い続けた上で、弟子になることを決意します。そうして法然上人の弟子となった聖人は、念仏の教えを熱心に学び続けることで、次第に教団の中でも認められる存在となっていきました。

しかし、一方で当時民衆に寄り添って念仏の教えを説く法然上人の存在を快く思っていなかった他宗派からの、法然教団に対する圧迫も増しており、同じ弟子仲間の問題行動（真偽は不明ともいわれています）をきっかけとして、教団は解体の危機にさらされてしまいます。

朝廷からの処罰を受けることになった法然教団は数名が死罪となり、また法然上人とその弟子数名は流罪をこうむることになります。その結果、当時弟子の中でも重要な立場にあった親鸞聖人は、京都から越後の地（現在の新潟県上越市付近）へと配流されることが決まりました。

流罪によって僧侶の資格をはく奪された聖人は、妻の恵信尼《えしんに》と共に越後の地において俗人としての生活を送りますが、同じ頃には何人かの子宝にも恵まれていたようです。

この時代の聖人に関する具体的な文献は残っていないものの、一般民衆と直に接する生活の中で仏教の研鑽に励み、本来求めていた「すべての人々が救われる仏教のあり方」に思いを巡らせていた時期ではないかと察せられます。

その後流罪が解かれることになった親鸞聖人はそのまましばらく越後に留まり、四十代前半の頃になってから関東地方（茨城県笠間市付近）へと移り住むことになります。

そして関東に移住後は布教のために関東一円を歩いてまわるなど、その教えを民衆に広く伝えようと積極的にはたらきかけるようになりました。

親鸞聖人は教えを広める際、お寺を構えてそこで説法をするという形はとらずに、地元の小さなお堂などを使って、当時貧しい暮らしをしていた人々に対して直に教えを説いてまわり、また農民の方々と一緒に田植えを行いながら念仏を称えていたとの言い伝えまでもが残っています。

そして、六十歳を過ぎた頃には住み慣れた関東の地から生まれ故郷の京都へと戻ることを決意し、京都に戻ってからは兄弟を頼りに仮住まいをしつつ、直接教えを伝え歩くというよりも、執筆活動の方により力を入れていきました。

関東時代にまとめられた「教行信証《きょうぎょうしんしょう》」を加筆修正したり、その他現在にまで伝わる著作のほとんどがこの京都時代に書かれたものであり、聖人の教えはこの時期に最も円熟味を増していたとみることもできるでしょう。

また、この時期については息子である「善鸞《ぜんらん》」の話にも触れておかねばなりません。親鸞聖人はかつて自身が布教してまわった関東地方において、教えが間違って理解されていることを知り、それを正すために善鸞を派遣することにします。しかし、善鸞は教えを正すどころか聖人の教えをゆがめて解釈してしまい、その間違った教えを説いてまわるようになりました。

それは聖人に対する反発というよりも、自らが独自の地位を築きたかったがためであるのかもしれませんが、その事実を知った親鸞聖人は非常に深く嘆き、善鸞との縁を切ってしまうことになるのです。その時、確かに一人の親として息子の過ちをゆるしてあげるのは簡単だったのかもしれませんが、もしそれを認めれば、自らが広く主張してきた教えの内容を否定することにつながってしまいます。そのため聖人は究極の選択として、親としての立場ではなく、すべての人が救われる正しい道を守ろうと決断したのです。

そうしたつらい経験を経ながらも、八十代後半まで京都の地で執筆活動を続けていましたが、八十八歳頃を機にその活動は止み、最後は孫娘や弟子たちに見守られながら、九十歳でその生涯の幕を閉じています。

親鸞聖人は二十九歳の頃に帰依した法然上人の教えを一生涯大切にし、自らが新しい宗派を築こうなどとは考えていませんでした。

しかし、法然上人の教えをもとに長い間自己研鑽にはげんだ結果、いつしかその思想には自然と独自性が感じられるようになってきます。聖人の思想には極楽浄土や阿弥陀如来からのはたらきかけによって救いを得るという、仏の側を中心としてすべてが成り立つところに、その特徴が強くにじみ出てくるのです。

また、それまで死後の問題とされていた浄土信仰を、この世での信心を中心にとらえなおしていった点においても、独創的なものを感じとることができるでしょう。

そこで、ここからは親鸞聖人の教えを象徴する言葉を一つずつ取りあげながら、その中身を詳しく探っていきたいと思います。

他力《たりき》とは何か

「他力」という言葉について考えてみますと、その意味が往々にして勘違いされやすいのが現状ではないかという気がします。なぜならば、日常生活の中で他力といえば、自分は怠けて他の人をあてにするだとか、そのまま放っておいても何とかなるだろうといった、放任主義のような意味合いで使われてしまう場合がほとんどであるように感じられるからです。

しかし、もともと他力という言葉は仏教用語であり、私たちが抱いているような意味とは全く異なったものとして扱われてきました。しかも仏教の世界においては、他力の方が自力よりも尊い考え方とされていたのです。

では、そのような他力本来の意味とはいったい何だったのでしょうか。

その意味を探っていく上で、まずは私たちの「世の中に対する見方」と言うべきものを、二つに分けてみたいと思います。

その内の一つ目は私たちのごく一般的な見方、すなわち人間中心に世の中を受けとめていく見方であり、二つ目は仏の世界ともいえるような、人間には計り知れない境地を想定した見方、ということになります。

私たちが一般的な視点から世の中を眺めれば、「自力」つまり自らの努力が尊重されるのは当然でしょう。一生懸命に努力することは目標を達成することにもつながりますし、また今日の社会がこれほどまでに発展してきたのも、ひとえに色々な方々が各方面で努力してきた結果と考えることができるからです。したがって、私たちがごく当たり前に受けとめれば自力は尊いものであり、反対に他に頼ろうとするような姿勢は、怠け心を含んだ良くないものとして扱われることに、疑問の余地はないはずです。

しかし二つ目の見方、つまり仏の世界をもとに考えてみると、状況はまた変わってくるのではないかと思います。

例えば、もし人間の感覚や知覚では計り知れない境地が存在し得るとするのならば、その消息を知ろうと私たちが努力していくことには、限界があると言わざるを得ません。厳しい修行によってその境地に触れることができると考える場合もありますが、たとえどんなに厳しい修行であっても、最終的には「仏の側からのはたらきかけ」を想定しなければ、人間の努力のみによって到達できる真理というものは、本当の真理と言えないようにも思います。

要するに、人間の能力を超えた仏の世界を考える場合には、人間のみの力ではどうしても限界があることに、気がつかなければならないわけです。そして、その限界の先に見えてくるであろう、私たちの能力では計り知れない境地というものを仏の世界とするのが、仏教的な他力のあり方といえるように思います。

他力のあり方については、どの仏教宗派においても多かれ少なかれ見られるものではありますが、なかでも特に浄土仏教においては、中心的な思想として位置づけられてきた歴史があります。

例えば具体的に言いますと、阿弥陀如来は今も極楽浄土で私たちを一人残らず救おうとはたらきかけており、そのはたらきかけこそが他力であると考えられているのです。したがって、浄土信仰においては他力が一番大切なことであり、自らの努力によってさとりを得ようとする行いが尊重されない理由もお分かりいただけるように思います。

他力の救いを感じられるまでには様々な紆余曲折、つまり自力のもがきがあるのかもしれませんが、最終的に私たちは自身の努力によってその救いを得るのではなく、阿弥陀如来からのはたらきかけによってその救いに気づかされ、そして極楽浄土に迎えられなければばならないのです。

また、他力については浄土仏教の中でもそれぞれの仏教者によって、微妙に考え方が異なってきた歴史もあります。

例えば中国で発展した浄土教や、その教えを学んだ法然上人においては、もちろん他力を尊重してはいましたが、一方で私たち自らが気持ちを浄土に傾けたり、念仏を称えたりする行為を認めている側面がありました。つまり、法然上人以前の祖師方の思想には、いまだ努力の認められる余地が残されていたとみることができるのです。

しかしその後の親鸞聖人にいたっては、私たちの行いによって阿弥陀如来に近づこうとする行為そのものが、少しも認められなくなっていきます。それは、自力を離れて他力を重んずる傾向が最終地点にまで到達したといってもよいものであり、それまで浄土教の祖師が疑うことのなかった部分、すなわち人間の行為と考えられていた「信じること」や「念仏を称える行為」でさえも、背後には阿弥陀如来からのはたらきかけがあると考えられるようになっていくのです。

「まづ自力と申すことは、行者のおのおのの縁にしたがひて、余の仏号を称念し、余の善

根を修行して、わが身をたのみ、わがはからひのこころをもつて身口意のみだれごころをつくろひ、めでたうしなして浄土へ往生せんとおもふを自力と申すなり。また他力と申すことは、弥陀如来の御ちかひのなかに、選択摂取したまへる第十八の念仏往生の本願を信楽するを他力と申すなり。」（注四）

【訳文】
まず自力というのは、私たちがそれぞれの縁に従って念仏を称え、修行して功徳を積み、自身の力を頼りとし、また心身を清らかにして極楽浄土に往生しようと願うことをいうのです。また他力というのは、自らの力を頼みとせず、第十八願にある念仏往生の誓いを信じ、念仏することをいうのです。

ここに出ている「第十八の本願《ほんがん》」というのは無量寿経に出てくる言葉であり、私たちが阿弥陀如来を信じて念仏すれば、それだけで極楽に往生することができると説かれている内容そのものを意味します。つまり、親鸞聖人はその第十八の本願を心から信じて念仏を称えることができたとき、そこにはすでに他力が働いていると考えていたことになるでしょう。

　このように、親鸞聖人は私たちの努力、すなわち自力というものを完全に否定していますが、それは少し角度を変えてみますと、本当の救いを得るためには、すべての行いを仏の側の視点に変えていかねばならないのだと受けとめられるようにも思います。
　また、親鸞聖人は私たちが他力の意味を誤解してしまうことにより、その思いや行動が間違った方向に向けられてしまうことにも注意が必要であると考えていました。間違った方向とは、自らの責任を放棄して好き勝手なことをしたり、自由気ままに過ごしたりしても構わないなどと受けとられてしまうことをいいますが、その点について聖人は以下のように述べています。

「ふるまひは、なにともこころにまかせよといひつると候ふらん、あさましきことに候ふ。この世のわろきをもすて、あさましきことをもせざらんこそ、世をいとひ、念仏申すことにては候へ。」（注五）

【訳文】
好き勝手にふるまってもよいなどというのは嘆かわしいことです。この世で悪いこと、

ひどいことをしないことこそが、この世の悩み苦しみから逃れたいと願って念仏を称える正しい姿なのです。

そもそも仏教とは、この世で逃れることのできない「生老病死《しょうろうびょうし》」の苦しみから救われるためには、どうしたらよいのかと考えられたことがその始まりとなっています。聖人はその教えにならい、この世のあらゆる苦しみから逃れたいと願って念仏を称える姿こそが、本当の信仰であると受けとめていたのでしょう。

好き勝手にふるまうという行為の裏には、自分中心の我ままが根を張っています。そして自我にとらわれている間は、自力が大いに力を振るっていることにもなるはずです。そのような状況にありながら、阿弥陀如来の救いに身をまかせることなどできるはずはないと、親鸞聖人は考えていたのだと思います。

「信心」について

ここで宗教的な信心を考える前に、私たちが普段の生活で使っている「信じる」ことの意味についても触れておきたいと思います。私たちは日常生活の中で、他人を信じたり乗り物の安全性を信じたり、また国の制度を信じたりといったような、多くの「信じる」という言葉を使って生活しています。そして、それは現実に存在するものに対して「確実で安心できるため、信頼に足る」といった意味に受け取ることができるでしょう。

しかし、そのような信頼性はもし安全や保障がなくなってしまえば、容易に崩れ去ってしまうことにもなりかねません。したがって、一般的に使われている「信じる」ことの裏には、多かれ少なかれ疑いや迷いなどが付きものであり、あいまいな要素を含んだものと受けとめておく必要がありそうです。

一方、これから考えていく宗教的な信心とは信頼性の有無に左右されるものではなく、人間が証明できないものに対して信じることであり、ある意味では理屈に合わない、非現実的なものといえるように思います。例えば浄土仏教における信心をひと言で表してみますと、「念仏を称えるだけで極楽浄土に導いてくれる、阿弥陀如来の救いを信じる」ことになりますが、この話一つ取ってみても現代の私たちにとってはなかなか信じがたい、非現実的な話に聞こえてくるでしょう。

また、さらに親鸞聖人の主張する信心に焦点を当てていきますと、その特徴として「信心を得るために私たちの側で必要とされるべき行いが何もない」ことが挙げられます。もちろん聖人は念仏をおろそかにしていたわけではありませんが、それ以上に念仏を称えれば救われるという「いわれ」そのものを信じることを、まず何よりも優先しているのです。

それは言い換えれば、信じることさえできれば「無条件ですべての人々が救いの対象になる」ことにもつながってくるのですが、そうは言っても浄土の教えを心から信じることは、私たちにとって想像以上に困難な道のりであると考えておく必要がありそうです。

例えば法然上人が民衆に説いた称名念仏のように、私たちの側で易しい行いをすることによって救われるというのならば、確かにとても簡単な教えと受けとめることができます。しかし念仏を称えるよりも信心を強調した親鸞聖人の教えは、私たちに何ら条件を課さないがゆえに信仰への道筋が見えてこないという、いわば逆説的な問題を秘めているようにも感じるのです。

また、もう一つ考慮しておかねばならないのは、親鸞聖人が生きていたのは今から八百年ほど前の鎌倉時代であり、現代は科学が発達した令和の時代であるという事実です。もちろんはっきりとしたことは分かりようもありませんが、少なくとも鎌倉時代の方が極楽浄土に対してより現実味を感じられていたことに、疑いの余地はないでしょう。

しかし、そうなると私たちが本心から阿弥陀如来の救いを信じることなど不可能ではないか、とさえ思えてきてしまいます。

ただ、ここで強調しておきたいのは、仏教が二千年以上前に成立したものであったとしても、その教えは単なる物語として作られたものではないということです。

例えば阿弥陀如来が方便（仮）の姿であるともいわれるように、私たちに仏教的な安心の境地を知らせるために、仮に設定されている教えとして受けとめる道もあるのです。したがって、地獄や極楽の存在を信じられなくなった私たちが、阿弥陀如来の救いを心から信じられるようになるためには、教えの背景にある仏教的な真理をつかんでいく所に、そのヒントが隠されているのかもしれません。

では、教えの背景にある仏教的な真理とはいったい何なのでしょうか。

その結論を今ここで明確に説明することはとても難しいと言わざるを得ませんが、まずは親鸞聖人の具体的な言葉を参考にしながら、信心についての話を進めてみたいと思います。

「まさしく如来菩薩の行を行じたまひしとき、三業の所修、乃至一念一刹那も疑蓋まじは

ることなきによりてなり。この心はすなはち如来の大悲心なるがゆへに、かならず報土の正定の因となる。如来苦悩の群生海を悲憐して、無礙広大の浄信をもて諸有海に廻施したまへり。これを利他真実の信心となづく。」（注六）

【訳文】
阿弥陀如来がかつて仏道修行をしていたとき、その行いは清らかであり、全く雑念のないものでした。それはまさに如来の哀れみの心であるがゆえに、必ず極楽浄土の正しい道へとつながるものです。如来は様々な困難から逃れられない者を哀れんで、これ以上ないほどの清らかな信心を私たちに与えてくれたのです。これを阿弥陀如来から与えられた、真実の信心というのです。

信心というのは、阿弥陀如来の方から清らかな心として私たちに振り向けられ、与えられているものと親鸞聖人は言っています。つまり見方を変えてみれば、阿弥陀如来とは決して過去の存在などではなく、私たちが本当の信心を得られたときには、その信心を与えてくれているはずの、現在進行形の存在といってよいことになるのです。

少し話が難しくなってきますが、阿弥陀如来の救いと親鸞聖人の考える信心とは、どちらか片方のみで動き出すようなものではなく、二つで一つと言えるような、離れることのない関係性の中においてはじめて成り立つものといってもよいでしょう。

聖人の著作中には「真実信心」という言葉が何度も出てきますが、こうしてみると、私たちの信心が阿弥陀如来から与えられている救いそのものであったと実感できるような、絶対的な救いの境地のことを真実信心と名付けていたのだと、理解できるようにもなってきます。

「この信心すなはち仏性なり、すなはち如来なり。この信心をうるを慶喜といふなり。慶喜するひとは諸仏とひとしきひととなづく。」（注七）

【訳文】

真実の信心は仏性であり、阿弥陀如来と等しいものなのです。そのような信心を得ることで喜びの心が沸きあがります。信心を喜ぶ人は、諸仏と等しい人とも名付けられます。

ここに出ている「仏性《ぶっしょう》」という言葉は「涅槃《ねはん》経」という経典の中に見られるものであり、「一切衆生悉有《しつう》仏性」すなわち人間や動植物、またありとあらゆる物質など、世の中のすべてに仏のこころが宿っている、とされる考え方になります。

親鸞聖人は主著である教行信証の中において、仏性とは死後の世界で気づくものと述べていますが、一方で晩年の著作を見てみると、先に挙げた文章のように信心がそのまま仏性であるとも述べられています。これは私なりの意見ですが、聖人が仏性を死後の世界として受けとめていたのか、もしくは生きている内に感じられる心境として受けとめていたのかは、時と共にその考え方に変化が見られていたのかもしれません。

また、仏性と似たような意味に受けとられがちな言葉として、「自性唯心《じしょうゆいしん》」を挙げておきたいと思います。

自性唯心とは「仏教の真理を自らの心を拠り所として求めていく」ことを意味しますが、親鸞聖人は自性唯心の人が浄土の教えを信じることは困難であると言っているのです。それは言い換えれば「信心とは心の内に仏の世界を求めることではない」ことになってきますが、それはあくまでも自力を否定する意味合いとして受けとめておく必要がありそうです。

したがって、心の内に限られることなく、世の中のすべてに仏のこころが宿っているとされる仏性については、聖人の考える他力の信仰と何ら矛盾するところはないと理解しておいてよいはずです。

「無明の闇をはらひ悪業にさへられず、このゆゑに無礙光と申すなり。無礙はさはりなしと申す。しかれば、阿弥陀仏は光明なり、光明は智慧のかたちなりとしるべし。」（注八）

【訳文】

迷いの心を除いて悪い行いさえも障りとならないために、一切を照らす光というのです。阿弥陀如来とは妨げるもののない無限の光明であり、その光明は仏の智慧のかたちといってよいのです。

ここでは「阿弥陀仏は光明なり、光明は智慧のかたちなり」と述べられています。この点からも分かるように、親鸞聖人は阿弥陀如来という実在を考えていたというよりも、むしろその存在を信じることをきっかけとして仏教における「智慧《ちえ》」を会得することができると考えていたように見受けられます。

阿弥陀如来の光明は、さえぎられることなく一切に照り渡っているといわれますが、それは条件に限られることなく、世の中のありのままを映し出している真理の姿と見ることもできるでしょう。

では、それほどまでに大切な信心を、親鸞聖人はいったいどのような方法で得ようと考えていたのでしょうか。実際のところ、聖人の著作中には「信心を得るための方法論」のような話はほとんど見当たりません。おそらくその理由は、たとえ順序立てて信心が得られるように示したとしても、最終的にその境地を知り得るのは阿弥陀如来からのはたらきかけ、つまり他力によるしかないと考えていたからなのだと思います。

しかし、そのような中でもいくつかヒントになりそうな文章は見て取ることができそうです。

「やうやうさまざまの大小の聖人・善悪の凡夫の、みづからが身をよしとおもふこころをすて、身をたのまず、あしきこころをかへりみず、ひとすぢに具縛の凡愚・屠沽の下類、無礙光仏の不可思議の本願、広大智慧の名号を信楽すれば、煩悩を具足しながら無上大

涅槃にいたるなり。」（注九）

【訳文】

様々な立場にある僧侶や業に縛られた民衆が、自我にとらわれた心を離れ、限られたこの身を頼みとせず、また罪深い心を自身の力で善に変えようなどとは思わずに、広大な智慧である阿弥陀如来のはたらきに身をまかせてその救いを信じることで、たとえ煩悩を備えていようともありのままの姿で極楽浄土に迎えられ、そしてさとりを開くことになるのです。

この文章によれば、自我にとらわれた心を離れていくこと、そして限られたこの身を頼みとしないことで、阿弥陀如来の救いに気づいていくのだと受けとめることができます。また、親鸞聖人は「あしきこころをかへりみず」と言っていますが、この言葉は非常に誤解を招きやすい言葉ではないかと思われます。もちろん、聖人は悪いことをしてもよいと考えていたわけではありません。しかし、私たちは自らが意識せずとも、知らず知らずのうち悪を犯してしまうことがあるように思います。

また、社会的に許されないような犯罪にも、背景には複雑な事情が入り組んでいる場合が少なくはないでしょう。もちろんそのような罪自体が許されることはありませんが、もし自身を本当に罪深いと感じるのであれば、その罪を自分の力で善に変えようなどとは思わずに、そのまま阿弥陀如来の救いに身をまかせて、仏の側から救ってもらいなさいと言っているのです。

またもう一つ、信心を考える上で参考になりそうなエピソードをご紹介してみたいと思います。

親鸞聖人の妻である恵信尼の書いた手紙には、聖人が四十二歳頃の話として「浄土三部経を千回読もうと決意したものの、途中で自分の力に頼っていた事実に気づいて読むのをとどめた」との逸話が書かれています。聖人は他力の教えに帰依してから十年以上経ってからも、自力への執着心には気をつけねばならないと、自分自身をいましめているのです。

この事実から分かることとして、親鸞聖人は二十九歳で比叡山を離れて法然上人の弟子になってからも、長い間他力や信心といったものの本質を追求していたのではないでしょうか。念仏の教えを説く師と出会い、それですぐに本当の信心が確立してしまうようなことはなかったということです。

しかし、このような聖人の想像しがたいほどの葛藤を、現代の私たちは全くと言ってよいほど気にかけていないのかもしれません。果たして聖人がそこまでの深い信仰を、私たちのような一般の民衆に望んでいたのかどうかは知る由もありませんが、このエピソードからは、親鸞聖人が私たちの及びもつかないような悩みや困難を経験しながら、真実信心と呼ぶべき境地を追い求めていた姿勢がうかがわれるように思います。

念仏の意味

親鸞聖人が信心をとても大切にしていたことは、今までの内容からもよくお分かりいただけるように思いますが、そうであるとすれば、浄土教の祖師方がそれまで大切にしてきた「念仏を称える行為」については、いったいどのように考えていたのでしょうか。

その点について、親鸞聖人はもちろん念仏を軽視していたわけではありませんが、一方で聖人の考える念仏というのは、私たちが一般的に思い浮かべるような念仏の意味合いと大きな隔たりがあったようにも感じられます。

例えば普通に念仏といえば、まず何よりも南無阿弥陀仏（なむあみだぶつ）と声に出して称えることが想像されますが、聖人の場合はそれよりも「信心を土台として生じてくる念仏」、つまり念仏するだけで救われるというわれを心から信じることによって称えられる念仏こそが、最も正しい念仏の姿と受けとめていたのです。

「弥陀の本願と申すは、名号をとなへんものをば極楽へ迎へんと誓はせたまひたるを、ふかく信じてとなふるがめでたきことにて候ふなり。信心ありとも、名号をとなへざらんは詮なく候ふ。また一向名号をとなふとも、信心あさくは往生しがたく候ふ。」（注十）

【訳文】

阿弥陀如来の誓いというのは、念仏を称える者を極楽浄土に迎えることであると深く信じて念仏するのが、とてもよいことです。信心があっても、念仏を称えないのであれば意味がありません。また、逆に一生懸命念仏を称えていても、信心が浅ければ極楽往生は難しいでしょう。

ここでは自身の力で一生懸命に称えるというよりも、むしろ信心を確立することでおのずと生じてくる念仏の方が尊いことを強調しています。要するに、南無阿弥陀仏とはその言葉自体に何ら意味があるわけではなく、その言葉をただの一回でも称えれば救いとるという阿弥陀如来の誓いを心から信じることによって、初めて生きた「南無阿弥陀仏」としての意味が生じてくることになるのです。

また、親鸞聖人の著書である教行信証の中では南無阿弥陀仏を「聞く」と表現している言葉の多いことにも気づかされます。普通に考えれば念仏は称えるはずですが、聖人は称えることと同時に「聞く」という表現を重要視していたように受け取れるのです。

その事実からは、ただ声に出すだけが念仏の本質なのではなく、自身の心の内に南無阿弥陀仏が響いてくるような、それを心からありがたいと感じられたときの気持ちを「聞く」という言葉によって表現していたのだと察することもできそうです。

また、次のような言葉からも聖人の念仏に対する姿勢がよくうかがわれます。

「帰命は本願招喚の勅命なり。発願廻向といふは、如来すでに発願して衆生の行を廻施したまふの心なり。」（注十一）

【訳文】

「南無」とは、阿弥陀如来が私たちを招いている呼びかけの声なのです。そして「阿弥陀仏」とは、すでに私たちを救うとの誓いを成し遂げた阿弥陀如来が、私たちに向けて与えてくれている言葉なのです。

少し難しいかもしれませんが、ここで親鸞聖人は南無阿弥陀仏の由来を説明しています。「南無」の二字は阿弥陀如来の方から私たちを招いている呼び声であり、「阿弥陀仏」の四字は阿弥陀如来から与えられている言葉を、私たちがオウムのように称え返しているというのです。つまり、念仏とは私たちが自力で称えるものではなく、本心から称えようと思えたときには、すでに阿弥陀如来の方から私たちを招き、与えてくれていたことになるわけです。このような文章からも、聖人は念仏というものを全面的に「阿弥陀如来からのはたらきかけ」として受けとめていたことが理解できるように思います。

また、聖人は信心と念仏との関係性について以下のようにも述べています。

「徳号の慈父ましまさずば、能生の因かけなん。光明の悲母ましまさずば、所生の縁そむ

きなん。能所の因縁和合すべしといへども、信心の業識にあらずば、光明土にいたることなし。」（注十二）

【訳文】

念仏という慈しみの父、そして阿弥陀如来の救いという哀れみの母がいなければ、極楽浄土への道は開けません。しかし、たとえ二つが揃ったとしても、そこに信心が伴っていなければ、結局極楽浄土に至ることはないのです。

ここでは念仏、そして阿弥陀如来の救いという二つの要素があっても、そこに信心が伴っていなければ極楽浄土に至ることはないのだと述べられています。この点からも、親鸞聖人は念仏と阿弥陀如来の救い、そして信心というものを別々に受けとめてはいなかったことが分かるように思います。

それは例えば、念仏を称える結果として信心が生じてくるといったような時間的経過を考えるのではなく、阿弥陀如来の救いを本当に信じられたときが、本心から念仏を称えようと思えたときであるという、いわばすべてが「横一線につながった関係」として成り立っていると表現できるのかもしれません。聖人は信心を得ることを「横超《おうちょう》」とも呼んでいますが、この言葉は今述べたような関係性をよく表しているようにも感じられます。

また、念仏についてもう一つ考えておきたいことがあります。

それは「念仏を称える回数」についての問題ですが、今までの経緯からすれば念仏の数について議論すること自体、あまり意味をなさないものであることがお分かりいただけるように思います。

その点について、親鸞聖人は以下のように述べています。

「乃至は、おほきをもすくなきをも、ひさしきをもちかきをも、さきをものちをも、みなかねをさむることばなり。一念といふは信心をうるときのきはまりをあらはすことばなり。」（注十三）

【訳文】

「乃至」とは、多いのも少ないのも、長くも短くも、過去も未来をもすべて含んだ意味を持つ言葉になります。そして「一念」というのは信心を得たときの、まさにその一瞬を

表す言葉になるのです。

「乃至《ないし》一念」というのは、念仏を称えるべき回数について述べられた言葉になります。これを普通に解釈すれば「ただの一念でもよい」という意味になり、私たちは乃至一念の念仏で極楽に往生できることになるわけです。

親鸞聖人はその意味について、回数や時間の経過などで表すことのできない、本当の信心を得ることのできた「絶対的な一瞬のとき」を表す言葉であると考えていました。つまり、本当の念仏とは「南無阿弥陀仏」と言葉に出さなければ成り立たないものではなく、いわれを本当に信じられたそのときにこそ、成し遂げられることになるのです。

では、乃至一念の念仏さえ経験すれば、その後念仏を称える必要はなくなるのでしょうか。

その疑問について、信心を得られた後の念仏については、世の中の平和や仏教が広まることを願って称えるべきであると親鸞聖人は言っています。それはのちに「報恩念仏」とも呼ばれるようになりますが、要するに、信心を得られたことに対する感謝の気持ちを南無阿弥陀仏に託して日々を過ごすべきであるというのです。

このように、親鸞聖人は念仏に「数」という概念を当てはめていませんでしたが、振り返って私たちの社会を眺めてみますと、病気や障害によって声の出せない人もおり、また過去には文字の読めないような人もたくさんいたはずです。もし念仏を単純に言葉の一つとしてとらえ、回数を定めて称えねばならないものとしてしまえば、それらの人々は浄土の救いから除かれることになってしまうでしょう。しかし、聖人の主張する信心を伴った念仏、乃至一念で救われる念仏とは、そのような限定を一切受けることのない、すべての人々に開かれた念仏であったのです。

正定聚《しょうじょうじゅ》の位

仏教の最終的なところに何を見るのかと聞かれれば、やはり「さとり」に代表されるような、この世での特別な境地を考える方がほとんどではないかと思います。

一方で、浄土仏教に関しては死後の極楽往生を強調してはいるものの、生きている内にどのような心境の変化をもたらしてくれるのかが、とても分かりにくいと言わざるを得ません。確かに死後の世界が保証されることとは、日々の困難に耐え抜いていかねばならない人々にとっての希望であったのかもしれませんが、それによって現在の私たちに特別な変化が訪れるとまでは、言いきれないようにも思います。

「死んだのち、阿弥陀如来によって極楽へと導かれる」という受けとめ方については、特に中国における浄土教の発展に伴い盛んになってきましたが、その教えが生きている人々に対して、どのような影響を与え得るものであるのかが語られることは、ほとんどありませんでした。

しかし、その点について親鸞聖人は、祖師方の尊重してきた死後の極楽往生を大切にしつつも、従来とは違った角度から浄土の教えと向き合っていきました。それは何かといえば、信心を教えの中心にすえることにより、死後の世界を待たずとも、生きている内に二度と後戻りすることのない確固たる信仰の境地に至ることができると考えたのです。

そして、そのような信心確立の境地は「正定聚の位」と名付けられました。

「真実信心の行人は、摂取不捨のゆゑに正定聚の位に住す。このゆゑに臨終まつことなし、来迎たのむことなし。信心の定まるとき往生また定まるなり。」（注十四）

【訳文】

真実信心を得られた人は、阿弥陀如来から決して見捨てられることのない正定聚の位に至ります。そのため死に際を気にする必要はなく、臨終間際に心を浄土へ傾ける必要もありません。なぜならば、信心を得たそのときすでに極楽往生は約束されているからです。

浄土仏教といえば何度も念仏を称えたり、臨終間際に極楽浄土へ気持ちを傾けたりといった、さまざまな「行い」が尊重されてきた歴史があります。

親鸞聖人はその中でも信心の部分に着目し、ゆるぎない信仰心を確立した人のことを「正定聚の位」と名付けて、特別な境地であることを強調しました。そして正定聚の位は単に信心の確立というだけではなく、その境地に至ることで必然的に「死後の極楽往生までもが約束される」ことになるというのです。そして聖人は、本当の信心を得ることさえできれば死後の極楽行きも約束されたことになるのだから、いつ何時、どのような形で最後を迎えようとも、決して極楽往生の妨げにはならないのだと考えました。

例えば私たちの人生を振り返ってみますと、望み通りに最後を迎えられる人などほとんどいないといってよいでしょう。今こうしている間にも突然発作が起きることもありますし、外出中交通事故に出くわすことがあるかもしれません。また、眼をそむけたくなるほど悲惨な最期を迎えることさえ大いにあり得るわけです。そして私たちは、大変な死に方をしたのだからこの世への未練が残って、成仏することはできないだろうなどと、勝手に思い込んでいるところがあるのではないでしょうか。

しかし、親鸞聖人はそのような価値観を根本的にひるがえし、この世でゆるぎない信心を得ることそのものが死後の極楽浄土にまでつながる道となるのであり、死に際の問題など気にかける必要は全くないと考えるまでに至ったのです。

「まことの信心の人をば、諸仏とひとしと申すなり。また補処の弥勒とおなじとも申すなり。この世にて真実信心の人をまもらせたまへばこそ、阿弥陀経には、十方恒沙の諸仏護念すとは申すことにて候へ。」（注十五）

【訳文】

真実信心の人を、諸仏と等しい人と言います。また仏になると決まっている弥勒と同じとも言うのです。また阿弥陀経には、あらゆる仏が信心を得た人を守っているとも説かれています。

聖人はここで信心を確立した人、つまり正定聚の位に至った人のことを「仏に等しい人」とも呼んでいます。要するに、私たちは生きている限り煩悩から逃れられない存在であるため、仏そのものにはなれないものの、信心の確立とはそれに等しいほどの尊い境地であるというのです。また続いて「弥勒《みろく》と同じ」とも言っていますが、弥勒というのは現在「兜率天《とそつてん》」と呼ばれる天界で修行している「菩薩《ぼさつ》」であり、遠い将来仏となることが約束されている存在になります。すなわち、信心の確立した人を弥勒に例えることによって、死後は必ず仏になれることを保証しているわけです。

このように、親鸞聖人は私たちが信心を確立することによって、成仏を約束されるほどの境地に至ると考えていたわけですが、それほどまでに尊い正定聚の位というのは、一般的にいわれるさとりの境地とどのような違いがあるのでしょうか。

ここで少し話題を変えて、さとり本来の語源について考えておきますと、もともとは二千五百年ほど前に実在したとされる、お釈迦様の気づいた世の中の根本真理を意味しており、その後仏教が様々に変化を遂げる中で、さとりについても様々な言葉によって表現されるようになっていきます。

例えば、さとりを「涅槃」や「成仏」などと表現すれば、その意味は死後の出来事として考えられがちとなりますし、「正覚《しょうがく》」と表現すれば、それはこの世で真理を会得することと受けとられるようにもなってきます。つまり、さとりの意味というのは言葉の表現によって、それぞれ微妙にニュアンスが異なってくるのです。

また「華厳経《けごん》」という経典の中では、さとりへと向かう道が五十二もの段階に分けて説明されており、最終的なさとりへと至るまでの間には、数多くのステップがあるとさえ考えられるようになりました。したがって、ただひと言でさとりといっても、その意味や内容にはそれぞれの時代や仏教者のとらえ方によって、非常に大きな隔たりがあると受けとめておく必要があるでしょう。

そして話は再び戻りますが、親鸞聖人はさとりの境地を「無上涅槃」や「無上覚」などと表現しており、その境地を死後の世界の出来事として受けとめていたようですが、一方で信心確立の境地を「等正覚」という言葉で表現していることにも気づかされます。話が非常にややこしくなりますが、正覚ではなく等正覚ということは、お釈迦様のさとりそのものではないものの、それと等しい境地に触れることと受けとめられるようにも思います。

そうしてみますと、聖人の主張する正定聚の位とは単に信じるか、信じないかだけの問題ではなく、そのプロセスにはお釈迦様の気づきに触れるような、つまり仏教の大元に導かれるような体験が含まれていると考えてみるのも、決して間違ってはいないように感じられます。

私たちはたとえ信心が大切と言われても、それが雲の上をつかむような、あいまいな境地しか想像できないものであれば、どこへ向かって歩みを進めていけばよいのか見当さえつけることができません。

その点について、親鸞聖人はゆるぎのない信心確立の境地を正定聚の位として示すことにより、浄土仏教がこの世における心境の変化、つまり自覚を伴った教えであることを証明したのだといっても過言ではないのです。

死後の世界

ここからは死後の世界に焦点を当てて、親鸞聖人がその世界をどのように受けとめていたのか、もう少し詳しく見ていきたいと思います。もちろん言うまでもなく、聖人の考える死後の世界とは、この世でゆるぎない信心を確立することによって生まれることになる「極楽浄土の世界」と言えるでしょう。

また、聖人は極楽浄土を単に死後に生まれるだけの世界と考えていたわけではなく、そこに生まれることによって最終的には「成仏」することになるのだとも言っています。

まずはその点について、以下の言葉をご紹介したいと思います。

「無礙光仏のひかりの御こころにをさめとりたまふがゆゑに、かならず安楽浄土へいたれば、弥陀如来とおなじく、かの正覚の華に化生して大般涅槃のさとりをひらかしむるをむねとせしむべしとなり。」（注十六）

【訳文】

この世で阿弥陀如来の救いにおさめ取られるために、死後には必ず極楽往生することとなり、その地では阿弥陀如来と同じように蓮華の花の上に生まれて、この上ないさとりを開くことにもなるのです。

ここで親鸞聖人は、極楽浄土の世界へ生まれたのちに「大般涅槃《だいはつねはん》のさとりを開く」と言っています。要するに、極楽浄土に往生することができればその後には必ず阿弥陀如来と同様のさとりを開く、つまり「成仏」することになるのだと解釈できるでしょう。死後に極楽へ往生することですべてが終わるわけではなく、極楽浄土の世界において始めて「本当の仏になる」ことができるのであり、いわばこの世でのゆるぎない信心、極楽浄土への往生、そして成仏というものは、切っても切り離せない一体的なものとして受けとめられていたことが、先の文面からも伝わってくるように思います。

また、聖人の考える死後の世界についてもう一つ触れておきたいことがあります。

それは「還相回向《げんそうえこう》」と呼ばれるものであり、阿弥陀如来に救われて極楽に往生した者があえて成仏をせずに「他者を救済するため再びこの世に戻ってくる」と考えられているものになります。通常は極楽浄土に往生すれば、そのまま成仏していくのが当然とされてはいますが、もしこの世に戻って人々を救いの道に導きたいと願うのであれば、約束された成仏の道をあえて選ばずに仏の心を備えてこの世に戻り、救われない民衆を教化することもできるというのです。

また、人々を導くといっても自身の利益や見返りを少しでも望んでいるのであれば、それは本当の還相回向とは言えなくなります。「阿修羅の琴の鼓するものなしといへども、音曲自然なるがごとし（注十七）」とも例えられるように、自らが他者を救うという意識さえも全く持たずに、仏のはたらきかけに導かれて他者を救済していくのが本当の還相回向といえるのです。

この還相回向については、理論上からすれば一度極楽に往生したのち再びこの世に戻ってくるため、一般的には生まれ変わりのことを言っているように受けとられてしまいそうです。しかし、実際にそのような話を信じられるはずもなく、どのように解釈すればよいのか頭を悩ませる問題となるでしょう。その点に関して、ここでは「時間の概念」を離れて受け取ってみてはどうかと思います。

阿弥陀如来は「無量寿如来」とも言われており、それは「永遠の寿命を備えた仏」という意味になります。つまり、阿弥陀如来を時間の概念を超越した存在として考えることができるように思うのです。

そうしてみますと、本当に阿弥陀如来の救いをありがたいと感じられ、そしてその教えを嘘いつわりなく他の人々にも伝えていきたいと思えたその瞬間が、阿弥陀如来からの還相回向のはたらきかけと受けとめることもできるはずです。

このように、親鸞聖人の考える死後の世界とは「本当の信心が得られた場合」に関しては、極楽に往生して本当の仏となるのか、もしくはあえてこの世界に戻り、仏の教えを説き広めていくのか、どちらかの道が約束されていることになりますが、ではたとえ浄土の教えと向き合っていても「本当の信心が得られなかった場合」については、いったいどのような死後の世界が考えられていたのでしょうか。

「自力の心をむねとして　不思議の仏智をたのまねば　胎宮にうまれて五百歳　三宝の慈悲にはなれたり」（注十八）

【訳文】

自身の力を頼みとして、不可思議な仏のはたらきを信じられなければ、辺地の宮殿に生まれて五百年もの間、仏の救いから除かれてしまいます。

極楽浄土に生まれるために功徳を積んだり、何度も念仏を称えたりすること、つまり自力によって救いを願うことで、本当の極楽浄土ではなく「辺地《へんじ》」と呼ばれる極楽浄土にいたる手前の場所で、五百年もの間「宮殿」の中に閉じ込められてしまうのだというのです。聖人はその宮殿のことを「牢獄」とも名付けていますが、要するに極楽浄土を願う中で阿弥陀如来のはたらきを心から信じることができずに、自分で何とかしなければといった気持ち、とらわれや執着の気持ちが残っている場合には、極楽浄土まで届かずに手前の世界で留まってしまうと考えておけばよいのかもしれません。

では、「辺地の宮殿」に閉じ込められてしまった人々は、結局その後どうなってしまうのでしょうか。

その点について親鸞聖人は、五百年経ったのちには阿弥陀如来の救いによって、本来の極楽浄土へと導かれることになると言っています。つまり「辺地」で長い年月をかけて自力を頼みとする心をひるがえし、最終的にはありのままで救われるという他力へと導かれていくことになるのです。

このような考え方は、確かに現代的に見れば信じがたい話ではありますが、聖人がこのような形で死後の世界を明確に分けていたのには、それなりの深い理由があったように思われます。つまり、浄土仏教と向き合う上で、自力と他力の違いがとても大きなものであることを強調していたのだと解釈することも可能でしょう。

また、親鸞聖人は私たちが自力と他力のどちらに流されやすいのかについても言及していますが、辺地の宮殿に生まれる人々はとても多く、真の極楽浄土に往生する人々はとても少ないと考えていたようです。

「真なるものははなはだもてかたく、実なるものははなはだもてまれなり。偽なるものははなはだもておほく、虚なるものははなはだもてしげし。」（注十九）

【訳文】

真の極楽浄土にいたることはとても難しく、そのような人は本当に稀です。仮の浄土におもむく人はとても多く、中身の伴わない信仰はとても盛んになっています。

私たちの側に何ら行うべきことはなく、ありのままにまかせておけば成仏まで保証されているのだとすれば、それほど簡単な教えはないようにも思えてきますが、ではなぜ親鸞聖人は、本当の極楽浄土にいたる人々がとても少ないと考えていたのでしょうか。

その理由を探る上で、聖人自身が「おごり高ぶった心を持って仏を信じることは、とても難しい」と述べている点を挙げておきたいと思います。私たちが普通おごり高ぶった人といえば、プライドが高くて鼻持ちならないような人のことを想像しがちです。しかし、聖人がここで言っているのはただそれだけの意味ではなく、私たちが無意識のうち自分中心に過ごしてしまう事実そのものを言い表しているのではないかと考えられるのです。

したがって、「何の疑いもなく自分中心に物事を見てしまう私たちにとって、阿弥陀如来や極楽浄土の大切さに気づくことはとても難しい」と言い換えてみますと、聖人の言っている言葉の意味が少しは理解しやすくなるように思います。

ここまで親鸞聖人の思想について、いくつかのキーワードをもとに考えてきましたが、大まかにでもその全体像をつかんでいただけたのではないかとも思っています。

しかし改めて現実的に考えますと、聖人の生きた当時と現代とを比べれば、想像できないほどの変化を生じているのが事実であり、そうなると先に述べてきたような数々の言葉に「現実味がない」と受けとられてしまうのも、ある意味では仕方がないことなのかもしれません。

ただ、一方で本当の宗教というものにはその背後に普遍性が存在することにも配慮しておく必要があるでしょう。つまり、時代は変わってもその根底に流れているものには変わりがないという意味になってきます。

したがって、現代において聖人の教えを生かしていくためには、もちろん宗教的な感情は残しつつも、その信仰を現代的に解釈し直してみるような視点がとても重要になってくるように思われます。

そこで、次の章からは仏教の現代的解釈に必要不可欠な存在である、明治から昭和にかけて活躍した仏教学者の鈴木大拙氏、そして哲学者である西田幾多郎氏の思想について詳しく学んでいきたいと思います。

補足：歎異抄《たんにしょう》について

親鸞聖人の弟子であった「唯円《ゆいえん》」の書とされている「歎異抄」は、現在日本で聖人に関する本として最も有名なものといえるでしょう。その歎異抄に出てくる言葉の中で少し考えてみたいものがあるため、補足として書かせていただきます。

一つ目は有名な「悪人正機《しょうき》説」とも呼ばれている、「第三条」の言葉になります。

「善人なをもて往生をとぐ。いはんや悪人をや。」（注二十）

【訳文】

善人でさえ極楽往生するのだから、悪人が極楽往生することは言うまでもありません。

一般的に考えれば「悪人でさえ往生するのだから、善人が往生することは言うまでもない」ことになるでしょう。この言葉はその意味を真逆に考えている点で、私たちにとても大きなインパクトを与えています。

しかし、ここで唯円の言っている「善人」と「悪人」の意味をよほど注意しておかないと、思わぬ誤解を生じる恐れがあるようにも感じられます。ここで言われる善人とは、自力で極楽往生を成し遂げようとする人々のことであり、また悪人とは自力を捨てて他力を頼むしかないと気づいた人々のことを言っているのです。要するに、世間一般で言われるような悪人、すなわち社会に反するような行為をする人々がそのままで救われるという意味ではないことに、まずは配慮が必要になるでしょう。

また、もう一つ指摘しておきたいのは「善人なをもて往生をとぐ」の部分になります。この言葉どおりであれば、自力の人でさえ極楽往生できることになりますが、しかし先に述べましたように、親鸞聖人は自力の人と他力の人との死後のあり方について、明確に分けて考えていました。それによれば、自力の人は「辺地の宮殿」で五百年もの間過ごすことになっていたはずです。

確かに、結果的には自力の人、すなわち善人とされる人々も本当の極楽往生を遂げることにはなるのですが、聖人があれほどまでに強調していた自力と他力との違い、この世での心の持ちようの違いが、このひと言でうやむやにされてしまっているような気がするのです。

親鸞聖人は、自分の力で極楽往生を願うことは、本当の極楽浄土への道ではないことをとても強調していました。聖人が繰り返し述べていた、生きている内に自力への執心を離れ、そして他力のはたらきに帰することの大切さを忘れてはならないように思われます。

また、二つ目に考えてみたいのは、こちらも歎異抄の中で有名な「本願ぼこり」と呼ばれている「第十三条」の言葉になります。

本願ぼこりとは「阿弥陀如来に救われていることを誇って、悪いことをも恐れない」といった意味になりますが、唯円は聖人から聞いた話を根拠に、本願ぼこりは極楽往生の妨げになるものではないと主張しています。

しかし、ここでよほど注意が必要なのは、その言葉がゆるぎない信心を得ている「親鸞聖人の立場」から発せられたものであることなのではないでしょうか。つまり、本当の信仰に触れている立場の人からすれば、世の中の出来事にはっきりと善悪など分けられるはずがないという、達観した見方に立つことができるという意味になるのです。そう受けとめてみれば、歎異抄にある以下の文章もよく理解できるように思えてきます。

「わがこころのよくてころさぬにはあらず。また害せじとおもふとも、百人千人をころすこともあるべし」（注二十一）

【訳文】

自分の心が良くて殺さないのではありません。また害を与えたくないと思っても、百人、千人殺してしまうこともあるのです。

この事実は避けがたい事故などを考えてみれば、容易に想像できるでしょう。誰も本当に人を殺したくて事故を起こすことなど考えてはいないはずです。

しかし、その言葉を信心もなく我欲に支配されてしまっているような人が「何をしても許されるのだ」という風に受け取ってしまうと、その意味は全く違うものになってくるのではないでしょうか。すなわち「どんな悪をなしても阿弥陀如来を頼みにしておけば大丈夫」といったような、間違った方向に向きかねないことになるのです。

親鸞聖人は、自身の書いた手紙のなかで次のようにも述べています。

「わざとすまじきことどもをもし、おもふまじきことどもをもおもひなどせんは、よくよくこの世のいとはしからず、身のわろきことをおもひしらぬにて候へば、念仏にこころざしもなく、仏の御ちかひにもこころざしのおはしまさぬにて候へば、念仏せさせたまふとも、その御こころざしにては順次の往生もかたくや候ふべからん。」（注二十二）

【訳文】

わざとしてはならないことをしたり、思ってはならないことを思ったりすることは、こ

の世の悩み苦しみを知らず、自分の力に限りがあることにも気づかない人であり、念仏には信心が伴わず、阿弥陀如来の誓いを信じることができないのであるから、たとえ念仏を称えたとしても、その心がけでは極楽に往生することは難しいでしょう。

ここでは、わざと悪いことをしたり思ったりする人のことが強く戒められています。したがって、親鸞聖人は決して悪を犯してもよいと考えていたわけではなく、善悪というのは私たちの判断ではっきりと断定できるようなものではないこと、また自身を罪深いと感じる人々に対しての教訓として、本願ぼこりの話をしていたのではないかと感じられるのです。

唯円に作為はなかったと思いますが、歎異抄という書物は聖人の想いを具体的に表現し、非常に強いインパクトを与えてくれる反面、受け取り方の解釈によっては、思想内容が全く異なった方向に向きかねないような危険性をも含んでいるような気がしてなりません。

第二章　鈴木大拙の思想

鈴木大拙《だいせつ》の生涯

鈴木大拙と聞けば、一般的には禅の教えを世界に広めた人物としてのイメージがとても大きいように思われます。確かに大拙氏は、在家の生活を送りながら禅の修行を行うことで「見性《けんしょう》体験」を経ており、また禅に関する著作も多いことから、そのように受けとめられるのは当然であるのかもしれません。

しかし、実際のところは禅の教えにとどまるのみならず、浄土仏教や東洋思想などにも精通しており、特定の教えに偏らず宗教全般に関する幅広い見識を備えていた人物としても、評価しておく必要があるでしょう。

鈴木大拙（本名鈴木貞太郎）は、明治時代初期の一八七〇年に、石川県金沢市で出生しています。もともとは医師の家系でしたが、六歳の頃には父が亡くなり、幼いころから経済的に余裕のない生活を送らざるを得なかったようです。

その後、十七歳で金沢第四高等中学校に入学。同級生には、後に取りあげる予定の西田幾多郎氏や国文学者の藤岡作太郎氏などがおり、この時代の友人とはその後学校を離れてからも親しく交流を続けることになります。

しかし、一方で記録によると大拙氏は高等中学校を中途退学しているようです。詳しい事情は知るよしもありませんが、学問を好んだ氏が中途退学したというのは、学問以外に何らかの深い理由があったと察せられるように思います。

そのような事情により、二十歳前後の頃は地元で教師をして過ごしていますが、この頃のエピソードとして、大拙氏の母のことを挙げておきたいと思います。氏は母をとても大切にしており、十代後半で教師をしていた時期においても、週末には様子を見に行くため片道五時間ほどもかかる道のりを歩いて実家に帰っていたと、自身が回顧しているのです。二十歳を過ぎた頃にはその母を亡くすことになりますが、そのような事情を考えてみると、悲しみは想像以上に大きなものであったのかもしれません。

その後学問を志して上京することになった大拙氏は、二十二歳の時に東京帝国大学の哲学科選科に入学しています。また、それと同時にかねてから興味を抱いていた仏教と向き合うため、鎌倉にある円覚寺において参禅修行（在家の生活を送りながら、一定期間座禅と修行生活を送ること）を行うようにもなっていきました。

氏は学問や仕事と両立しながら、五年もの間参禅修行を続けることになりますが、禅の教えと深く向き合いながらもその真理をつかめないことに対し、生きている意味さえ分からなくなるほど追い詰められてしまう時期もあったようです。

そのような中、翻訳の仕事でアメリカ行きの決まった二十六歳の頃、「もう後がない、これでさとりが得られないのであれば、永遠に無理だろう」と覚悟して臨んだ参禅修行の際、自らの内に気づかされるものがあったそうです。そしてその体験がもととなり、当時の円覚寺管長であった釈宗演《そうえん》氏より、見性の境地を得たと認められることになったのです。ちなみに「大拙」という名前は、この時期に釈宗演氏から受けた居士号（在家修行者の名前）ともなっています。

アメリカに渡ってからは、出版社の編集員として翻訳や通訳の仕事に従事し、海外の宗教書を翻訳するなどの大きな仕事も手掛けていきました。

そして三十九歳の頃日本に帰国。その後は大学教授の仕事や執筆活動に取り組みながらの生活を送り、四十一歳の時には仏教を通じて知り合うこととなった、アメリカ人女性のビアトリスと結婚しています。

その後五十代に入ると、友人であった西田幾多郎氏の勧めもあって浄土真宗に関係の深い大谷大学の教授に着任し、以後四十年近くも教鞭を振るうことになりますが、この出来事は大拙氏にとっての大きな転機と受けとめておく必要がありそうです。なぜならば、氏はそれ以降浄土仏教に関係する論文や著作を数多く執筆しており、教授時代の経験が機縁になっていることも大いに考えられるからです。

また、大拙氏は大学教授や執筆活動以外にも、積極的に海外におもむいて講義を行うなど、仏教を世界に紹介するための活動を幅広く展開していきました。

当時は「西洋思想」が最も優れているとの見方が一般的であり、現在にいたるまでその傾向は大きく変わっていないように見受けられますが、そのような状況のなか、氏は仏教を中心とする「東洋思想」をとても大切に考え、東洋人は西洋思想をそのまま鵜呑みにするのではなく、異なる点をお互いに認め、欠点を補い、そして長所を生かし合えるような関係を築くべきであると主張したのです。

その結果、大拙氏は世界の仏教学者と呼ばれるほど海外でも有名な存在となり、八十二歳の時にはコロンビア大学の客員教授に着任、また八十九歳の時にはハワイ大学の名誉学位を授与されるなど、日本国内のみならず海外の方でも非常に高い評価を受けることになりました。

そして、最晩年においては自身の活動拠点でもあった鎌倉の「松ヶ岡文庫」において執筆活動に励んだり、講演活動を行ったりなどしていましたが、九十五歳の時急な病により永眠しています。

大拙氏の思想は、禅の教えに限らず様々な分野にまで広がりを見せていきましたが、その特徴をひと言で表現すれば、東洋思想に根付いている宗教の本質的な部分を思想の根底にすえていたことが挙げられます。つまり宗教、特に仏教は様々な内容に説かれてはいるものの、突き詰めてみれば「その中心には共通の土台が存在する」といった意味に受け取ることができるでしょう。そして、その土台とは先に述べた親鸞聖人の教えにも通ずるものがあると考えていたのです。

知性的な世界と霊性的な世界

私たちの生きている世の中は、見方の違いによって「二つの世界」が考えられるのだと大拙氏は言います。

その内、一つ目の世界は「知性的な世界」と名付けられるものになります。知性的な世界とは私たちの感覚や知覚を頼りとし、すべての事物を対象的に受けとめることによって見えてくる世界であり、誰もが日常生活を送るなかで当たり前のように感じられる世界といってよいでしょう。

私たちは生を受け、親を中心とした様々な人に支援してもらいながら、自然と知性を身につけていきます。また友達や先生、社会などに学びながら成長し、その知性はさらに深まりを増していくことになるでしょう。そして、そのような見方を疑いなく学んでいくことで、次第に「人間の知性で考えられないことはない」などといった結論へと導かれていくのではないでしょうか。そうしてみると、人間というのは知性をまとって生きていくことを運命づけられているとさえ言い得るように思います。

このように、人間の感覚や知覚によって作り上げられていく相対的な世界観のことを、大拙氏は「知性的な世界」と考えていたのです。

また、もう一つの世界は「霊性的な世界」と名付けられるものになります。

私たちは霊性的な世界と聞けば、何かこの世以外に神秘的な別世界があって、死んだのちに生まれる場所であるような想像をしてしまいがちですが、ここで氏が言っているのはそのような世界観とは異なっています。

ここでいう霊性的な世界とは、人間の限られた感覚や知覚などを超えたところに想定される世界、つまり知性的な見方によってはとらえどころのない世界ともいえますが、これだけではなかなか分かりにくいと思いますので、少し別の観点から説明を試みたいと思います。

一般的には、自分が見聞きして判断できる世界以外に別の世界が存在するなど、想像もつかないのが当然でしょう。しかし少し振り返ってみますと、もし私たちが見たり聞いたり、触ったりするこの感覚や知覚を全く持たないものとすれば、今目の前にある現実がありえないことになるのではないでしょうか。要するに、人間という生物の感覚や知覚がはたらいているからこそ、私たちの知り得る現実世界が存在していると受けとめることができるはずです。

また、さらに視点を変えてみますと、人間とは宇宙の諸要素や環境があったからこそ生まれ出てきた存在とも考えられます。太陽にはじまり、空気、土、水分、動植物、ミネラルなど、いずれも私たちに欠くことのできない要素であり、いわば私たちはこれら諸要素によって「造られている存在」とも言い得るのです。

このように、私たち自身と目の前に広がるすべての事象とは、本来密接に関連しあっているものであり、どちらか一方が全面的に正しいと決めつけることのできない関係であるはずなのです。それは具体的に言えば、人間の知性だけで世の中をすべて把握しようとするのも、また逆に人間の知性をすべて無意味なものとしてしまうのも、どちらも正しい見方ではないといった意味になるでしょう。

そうしてみると、私たちの感覚や知覚のみを頼りにして作り上げられている知性的な世界観がいかに不確実であるのか、何となく理解していただけるのではないでしょうか。

大拙氏はそれらの理由から、私たちが当たり前としている知性的な世界の裏側には、宇宙の真理とも呼べるような世界観、つまり霊性的な世界が存在していると主張するにいたったのです。

では、もし本当にそのような世界が考えられるとすれば、なぜ私たちはその事実に気づくことができないのでしょうか。

「人間は元来知性的にできているので、吾等は何かにつけ理屈づけをします、そうしてこの理屈づけの故に一つが二つに割れるのです。」（注二十三）

【訳文】

人間は元来知性的な存在であるため、私たちはいつも世の中を分別的な立場から見ています。そして、そのために霊性的な世界が見えなくなってしまい、もともと一つの真実であるはずのものが、二つに分かれてしまうのです。

先にも述べましたが、私たちは知性的な世界に対してほとんど何の疑いも持たずに生活しているため、霊性的な世界があると聞けば、どうしても二つに分かれた世界や死後の世界を想像してしまいがちです。しかし、霊性的な世界というのは私たちの世の中に対する見方の違いであって、二つに分かれて存在するようなものではないと大拙氏は言います。

また逆の視点に立ってみれば、この世はもともと「一つの真実」であるはずですが、人間という知性を持った存在によって、自分たちだけに当てはまる世界観が創り出され、その世界のみを真実の世界と思い込むことによって、人間中心の知性的な世界と、本来の霊性的な世界とが枝分かれしてしまっていると考えることもできるでしょう。

つまり、私たちが生まれて以来疑うこともなく身に付けている知性的、分別的な世界観によって、世の中のありのままの真実がとらえられなくなっているのです。

ただ、ここで注意しておきたいのは、霊性的な世界といってもそれは動物のように欲求にまかせて、本能的に生きていくわけではないということです。私たち人間は元来知性的にできており、動物のように本能的にのみ生きようとすることは、人間の生き方に反するものであると大拙氏は考えていました。

氏のいう霊性的な世界とは、動物的な知能から進化した人間が、物事を知性的に考えるようになったからこそ気づくことのできる世界であり、それは人間中心の見方を離れて環境との親和性を保ちつつ、それぞれが自然な姿で個性を発揮していけるような、世の中を一元的ともいえる視点から眺められる世界観のことをいうのです。

では、私たちがそのような世界をうかがい知るためには、いったい何が必要とされるのでしょうか。大拙氏はその点について以下のように述べています。


「仏教、其実はどの宗教でも、それを会得しようとするには、一旦は知性の領域を逸脱しないといけないのです。……　一旦知性の否定をやって、それを超絶するとき、始めて知性を動かしているものの根源に到達するということになるのです。」（注二十四）

【訳文】

仏教はもちろん、どんな宗教でもその本質を理解するためには、一度でも知性的な見方を離れてみなければならないのです。……　いったん知性を否定してその見方を超えるとき、はじめて知性を動かしているものの根源を知ることになるのです。

ここで大拙氏は「知性を否定し、それを超絶する」ことによって、霊性的な世界の消息をうかがうことができると言っていますが、この件に関してもう少し具体的な話をしてみたいと思います。

私たちは普段何の迷いもなく日常生活を送っていても、何らかの悩みや困難をきっかけとして、今までの生き方について振り返らざるを得ない場面に出くわすことがあります。そのような時、抱えているものを何とかして手離すまいと執着すること、つまり地位や名誉、もしくは今まで疑うこともなかった固定観念かもしれませんが、そのようなものに固執してしまうことで、かえって苦しみが増してしまうこともあるのではないでしょうか。

一方で、必死に抱えているものを手離してみること、つまり自身の一部であったはずの地位や名誉、もしくは固定観念などにとらわれない生き方を選択することにより、それらの執着から解放された先の境地を垣間見ることがあるのではないかと思うのです。

もちろん、抱えているものを手離すことは、自身の存在を否定されてしまいそうでとても勇気が必要なことかもしれません。それは霊性的な世界が存在することを信じるがゆえの決断ともいえますが、そのような内面の転機をきっかけとして新たな世界の消息に触れることがあり、その境地こそが霊性的な世界へとつながっていると大拙氏は考えたのです。

もちろん言葉で表すのは簡単でも、それを実際に体験するのは難しいと言わざるを得ませんが、少なくともそのような見方が存在すると知っておくだけでも、私たちの人生にとって決して無意味なものとはならないはずです。

こうしてみますと、知性的な世界、霊性的な世界というのは私たちが把握している世界観の二面性を表しているとも言い得ますが、氏が別に主張している「即非の論理」という考え方においても、この内容をさらに詳しく説明することができそうです。

即非《そくひ》の論理とは

即非の論理とは、大拙氏が「金剛般若経《はんにゃ》」という経典に説かれた内容をもとに主張した論理であり、私たちが宗教心に触れるための仕組みを表したものといえますが、その内容をひと言で表してみれば「〇〇は〇〇でないから、〇〇である」という、理解しがたいような言葉に集約されることとなります。

しかし、これだけではもちろん何のことだかさっぱり分かりませんので、ここからは例えとして〇〇の部分に「桜」を当てはめていきたいと思います。つまり「桜は桜でないから、桜である」といった言い方になるでしょう。

まずは「始めの桜」ですが、ここで言っているのは「知性的な視点から見た桜」と呼べるものになります。私たちが感覚や知覚で見たり触れたりすることによって把握しているごく当たり前の桜であり、人間中心の視点から見た対象的な桜といえるようにも思いますが、その点について氏の言葉を挙げれば、以下のようになります。

「知性的なるものの特徴は二元的というところに在る。知性は、見るものと見られるもの、知るものと知られるもの、主観と客観との世界において可能である。いい換えれば、渾然なる一如の世界があっても、それは知性の世界とはならぬ。知性は必ずそれを二つに分けて見る、そうしなければ知性そのもののもないのである。」（注二十五）

【訳文】

知性的というものの特徴は物事を分けて考えるところにあります。見るものと見られるもの、知るものと知られるもの、主観と客観という世界において可能な見方といえます。言い換えれば、ただ一つの真実があるにしても、それは知性の世界とはなりません。知性は必ずそれを二つに分けてしまいます。そうしなければ、知性そのものが存在しえないのです。

常日頃、私たちは合理的な考え方に支配されながら生きており、ほとんどすべてにおいて知性的な視点に立っているといっても過言ではありません。それは大拙氏の言葉を参考にすれば、自分という存在を中心に世の中を見たり判断したりするという、「主観と客観とを分けた二分性の世界」に生きているといえるように思います。

そして少し極端に言いますと、桜を知性的な視点から見た場合には「落葉広葉樹の一種であって日本ではソメイヨシノが多く、春に薄紅色の花を咲かせる樹木である」といったように、一定の枠の中にはめ込んで私たちと桜との関係を意味づけていくことになるのです。

先にも触れましたが、このような見方は知性を発達させながら生きている私たちにとって誰も疑うことのない当たり前の見方であり、またこの知性的な視点があるからこそ、世の中がこれだけ発展していると考えることもできるでしょう。

そして、次は「桜でないから」の部分について考えてみたいのですが、その意味を簡単に表しますと、「これまで疑うこともなかった知性的な見方が本当に一番正しいのであろうか」といった、自己を省みる心が生じてくる段階と受けとめられるように思います。

白か黒か、善か悪かといった二者択一の答えではなく、それ以外の何かが存在するのではないか、という無意識的な問いかけが生じていることともいえますが、その点について大拙氏は以下のように述べています。

「感性の世界だけにいる人間がそれに満足しないで、何となく物足らぬ、不安の気分に襲われがちであるのは、そのためです。何だか物でも失くしたような気がして、それの見つかるまではさまざまの形で悩みぬくのです。」（注二十六）

【訳文】
知性的な世界だけに生きている私たちがそれに満足しないで、何となく物足りないと、不安な気分に襲われがちであるのは、霊性的な世界が存在するためなのです。なんだか物でも失くしたような気がして、それの見つかるまでは様々な形で悩みを経験するのです。

私たちは知性的な世界に疑問を抱かず生活していても、思い通りにならない事実に直面した際には、多かれ少なかれ世の中や人生のあり方を省みることがあるのではないでしょうか。

立場にこだわるあまり本来の生きがいを感じられなかったり、また環境汚染や自然災害のニュースなどを聞いて、いたたまれない感情が湧いてくることもあるでしょう。さらにもう少し掘り下げてみますと、病気や障害を抱えて自らの限界を知ることもあるでしょうし、無力で愚かな自分に失望することであるのかもしれません。また、究極的な問題としては、避けることのできない生死の問題に直面することが挙げられるように思います。

そして大拙氏は、そのような困難に直面した際にもし信仰を必要とするのであれば、あえて今までの知性的な視点を離れること、すなわち私たちの深い部分にまで浸透している自我へのとらわれから離れていくことが大切であることを、「桜でないから」という言葉によって表現しているのです。

大拙氏は、知性の否定を意味する「桜でないから」の経験について、宗教の本質に触れる上でどうしても避けて通ることのできない道のりであると考えていました。

例えば、それは以下の文章からもよく伝わってくるように思います。

「知性的分別はただ分別するだけでなくて、その分別の上に分別を重ねて、七重八重に其身を縛りつけるのです。……大死一番して絶後に蘇息するという経験がないと、キリスト教も仏教もわからないのです。そうしてこれは信仰です。思慮分別ではないのです。」（注二十七）

【訳文】

知性的な分別はただ分別するだけでなく、その分別を繰り返し重ねていくことによって、自らの身を幾重にも縛りつけていくのです。……必死で抱えている自我へのとらわれを捨て去り、そして分別を超えた先に触れることがなければ、キリスト教も仏教も本当のところは分からないのです。そうしてこれは信仰であり、私たちが頭で考えて納得するようなことではないのです。

信仰といえば、なぜか私たちは「自分とは別の特別な存在」を思い描き、その存在からご利益をいただくことと受けとめてしまいがちです。確かに仏教においても、釈迦如来や阿弥陀如来、また観音菩薩などと聞けば、そのような姿をイメージしてしまうのは仕方のないことかもしれません。しかしながら、神仏をそのような「対象的存在」として受けとめている限り、本当の意味での信仰にはならないのだというのです。

大拙氏の考える本当の信仰とは、私たち自身に根付いているとらわれや執着から解放されていくことで、自身の存在をも含めた本質的な真理に気づいていくことであり、そしてそのような考え方が「最後の桜」にも繋がっていくことになるのです。

最後の桜とは、「桜でないから」を経たことで気づかされていく「霊性的な見方による桜」と呼べるものになります。この桜に関しては言葉で説明することが非常に難しいと言わざるを得ませんが、ここでは「私が」という主語をもとにして説明を試みたいと思います。

私たちは常に「私が」という主語をたずさえて生活しています。私が話す、私が動く、などといった私を中心とした感情や行動は、知性的な見方を代表している言葉といってもよいでしょう。

しかし「桜でないから」を経てきた桜とは、「私が」という主語を抜きにした桜だと考えておく必要があるのです。桜そのものは何も変わっていませんが、私を中心とした見方から離れていくことにより、桜を対象的な「物」としてではなく、自身と密接につながりを持つ「不即不離」の関係として受けとめられるようになっているのです。

ここで、その意味をよく表している大拙氏の言葉をご紹介したいと思います。

「映す鏡の本来の性格に徹しないで、鏡は映すべきであるといって、そこに自我の念を挟むようになると、鏡には無心に映すということがなくなる。鏡には、ああすべく、こう

すべくというように、すべきはからいをもたないところに鏡そのものがある。何等の計画性をもたないところに、鏡の受動性の本質がある。」（注二十八）

【訳文】
鏡本来の姿に従わないで、鏡は物を映すべきだといって、そこに自身の思いを加えてしまうと、鏡は無心に映すことがなくなります。鏡はああして映そう、こうして映そうといったような思惑を持たないところに、その本質があります。なにも作為を持たないところに、鏡本来の受動性がみられるのです。

ここでは、物事を対象的な立場から見ることによって、様々な思惑に振り回されてしまうことにつながり、その結果鏡に例えられるような「ありのままの姿」が映し出せなくなっているとと指摘されています。

仏教では、自身と周囲の事象とを一元的に受けとめていく、作為のないありのままの姿のことを「自他一如《いちにょ》」とも表現しますが、ここで大拙氏が鏡に例えているのは、まさに自他一如のあり方と受けとめることもできるでしょう。

そして、ここでもう一度「最後の桜」について振り返ってみたいと思います。始めの桜は知性的な視点から見た桜でしたが、知性の否定を意味する「桜でないから」を経てきたのちの桜は、私見を除き去った「本来の、ありのままの桜」へと変化しているのです。

そして、先にも触れましたが、即非の論理とは結局対象となる事物には何の変化も起きていないことにも、気づかされるように思います。桜自体には何の変化もありませんが、ただ一つの違いを挙げるとすれば、私たち自身が自我の殻を破ることによって、オブラートに包まれていた見方がはがれ、そして世の中の真実の有りように気づかされるようになったことなのです。

大拙氏はそのような一連の宗教体験のことを「○○は○○でないから、○○である」という言葉に託し、そして東洋思想を中心とした様々な教えに展開していきました。

仏教の本質

大拙氏は「即非の論理」について、仏教全般に当てはまる真理としてとても重要視していましたが、そうはいっても、実際にはなかなか理解しがたい面があることも否定できません。

なぜならば、例えば禅宗といえば座禅のイメージであったり、真言宗であれば護摩《ごま》祈祷や真言を唱えること、日蓮宗といえばナムミョウホウレンゲキョウ、また浄土仏教であればナムアミダブツといったように、私たちの想像する表面上の内容からすれば、接点など何も見出せないようにも感じるからです。

しかし、表面上では分からなくともその起源を古くまでさかのぼってみれば、すべては仏教の開祖である「お釈迦様」の教えに由来していることは、疑いようのない事実といえるでしょう。

そこで、ここでは一度お釈迦様の教えに立ち返りながら、仏教の本質とは何なのかを考えてみたいと思います。

仏教の教えは今から二千五百年ほど前、インドの地でお釈迦様が「さとり」を開いたことがその始まりとなっています。

お釈迦様は一国を支配する王族の跡取りとして生まれ、何不自由なく生活を送ることのできる裕福な青年でした。しかし、お城の外で老いた人や病を患った人、また亡くなった人などを目の当たりにしたことで、この世の苦しみを強く感じ、そして人生における真理を見出すために、二十九歳でお城を出て出家することを決意します。

出家したのち、お釈迦様は当時有名であった何人もの知識人に教えを求め歩きましたが、結局満足できるような答えを与えてくれる者はおらず、その後は山林に入って六年もの間厳しい苦行の日々を送っています。

しかし、長く厳しい苦行の末にも本当の真理を見出せないことに気づき、苦行を捨てて川のほとりで体を洗い清めていたところ、そこで偶然出会ったスジャータという女性におかゆの施しを受けることとなりました。そして、おかゆによって気力を回復したお釈迦様は、その後菩提樹の下で座禅統一をすることによって、今度は様々な誘惑にも屈することなく、本当のさとりを開くことができたと伝えられているのです。

また、お釈迦様はさとりを開いた後、自分の教えは誰にも理解してもらえないと考え、一般民衆に伝えることをちゅうちょしていました。しかし「梵天《ぼんてん》」からの勧めがあったことにより、世間の中で教えを説き広めようと決意し、その後八十歳で亡くなるまでの間弟子たちとともに各地を回り、様々な立場に置かれていた民衆にその教えを説いていくこととなったのです。

以上が現代にまで伝わるお釈迦様の生涯になるのですが、これからこの話を即非の論理に当てはめてみたいと思います。

お釈迦様は、もともと裕福で何不自由のない生活を送っていました。つまり、何の疑いもなく知性的な世界の中で日々を過ごしていたのだと考えられます。

その後、様々な苦しみに直面する人々を目の当たりにしたことが出家のきっかけとなっていますが、ここでお釈迦様は知性的な世界への疑問が生じ、その疑問を解決する道を求め始めたと受けとめることができるでしょう。つまり、先の話に例えれば「桜でないから」に当てはまる否定の部分ということができます。

その後は苦行、すなわち自らの努力によって何とか真理を得たいと願いましたが、六年もの間修行をしても、結局その答えを見出すことはできませんでした。そして最終的には知性的な見方を離れること、自我へのとらわれから離れることによって、真実のさとりである霊性的な世界に気づくことができたのです。

そして、さとりに気づいたのちのお釈迦様は、自らがさとった中身を世間の人々に説き広めていくことになりますが、それは仏教が自分だけの救いではなく、すべての人が救われるようにと願う「慈悲」の精神に基づいていると受けとめることができるでしょう。

以上のような話は、あくまでお釈迦様の生涯を即非の論理に当てはめてみた場合であり、もちろん単なる推測でしかありませんが、順序を追って当てはめてみると決して間違ってはいないようにも感じられます。そして、先に挙げたような日本の仏教宗派についても、元をただせばそのようなお釈迦様の教えをもとに発展してきたものであったはずなのです。

そこで、日本を代表する宗派である禅宗と真言宗とを例に挙げて、もう一度即非の論理を踏まえながら見直してみたいと思います。

まずは禅宗ですが、私たちはそもそも厳しい修行や座禅といったものについての誤解があるようにも見受けられます。欲望を断ったり、自己を厳しく律したりすることによって世間一般とは別の境涯にたどり着くような、いわば人格者になることが目的であるかのように考えられている側面もありますが、しかし教えをそのように受けとめてしまうと、それが人間性向上のための手段であるかのようにさえなりかねません。

大拙氏は自身の見性体験をもとに即非の論理を主張していますが、それを踏まえてみますと、禅の教えとは座禅や厳しい修行を通じて知性的な見方を離れ、そして霊性的な境涯に触れるところにこそ、本来の姿があるのではないかと考えられるのです。つまり、立派な人間になっていくことが目的なのではなく、日々の生活、ひいては自己へのとらわれを離れていくところに、本当の意味があるといってもよいでしょう。そうしてみると、厳格なイメージにとらわれて敬遠しがちな禅宗も、私たちにとって少しは身近に感じられてくるように思います。

また、同じ大乗仏教の例として、真言宗における「即身成仏《そくしんじょうぶつ》」の意味についても触れておきたいと思います。

即身成仏というのは、真言宗の開祖である「空海《くうかい》」の教えにあるもので、文字通り生きているこの世において、この身このままで仏と一体になるという意味合いの言葉になります。

真言宗の本尊である「大日如来《だいにちにょらい》」は宇宙の成り立ちそのものと考えられていますが、ごく簡単に言ってしまえば、特別な修行によって大日如来と一体になる体験をすることが、即身成仏の意味になるのです。

真言宗では「三密加持《さんみつかじ》」、すなわち手に印契を結び、口に真言を唱え、心に大日如来を観想する、といった修行の仕組みが存在しており、普通に考えればその修行によって最終的には即身成仏を遂げることになるのが、真言宗の教えの要となるはずです。

その点について、例えば修行の意味するところを知性的な見方から離れ、霊性的な世界に触れることと解釈してみると、また違った角度から教えの中身を見直してみることができるように思います。

例えば、空海の言葉には以下のようなものがあります。

「仏の光が衆生の心に映るのを「加」といい、修行者の心が仏の光を感ずるのを「持」と名づけるのです。修行者がこの意味を深く理解すれば、仏の三密と修行者の三業とがぴったりと感応相応するので、この世で直ちに私たちは本来備わっている大日如来の三身すべての仏性を顕わし証得することができます。」（注二十九）

大日如来がこの世の成り立ちそのものとすれば、仏と一体になるというのは私たちが修行を通じてその真理に気づかされることであり、それはそのまま霊性的な境地と言っても差し支えないように思うのです。そうなるとたとえ真言宗といえども、大拙氏の主張する即非の論理から離れたものではないように感じられてくるでしょう。

そして、この本で詳しく述べている浄土仏教についても振り返ってみますと、一般的にはとても易しい教えであり、教えの内容そのものが他の宗派とは全く異なるものとさえ受けとられています。しかし大拙氏は、浄土の教えも大乗仏教中の一派である以上、教えの本質が変わるようなものではないと考えていました。

大拙の考える浄土

浄土仏教といえば、この世で念仏を称えた結果、死んだ後には西方の極楽浄土へと導かれることになるのが一般的となっています。そして、そのような場合においては、生前と死後という「時間の経過」や、この世とあの世という「空間のへだて」が存在していることになるでしょう。

しかし大拙氏は、それとはまた違った角度から浄土の教えと向き合っていきました。それはどんなものかといえば、極楽浄土というものを「時間の経過」や「空間のへだて」を考える必要のないもの、つまり「今現在において救いを自覚する境地」として意味付けていったところに、その独自性を見て取ることができるのです。

阿弥陀如来は、永遠の寿命と無限の光を兼ね備えた仏といわれており、そうなるとその救いは死後のみではなく、今に生きる私たちにまで至り届かねばならないはずだと、大拙氏は受けとめていたのだと思います。

「浄土と穢土とは単なる経文の記述の如何に拘わらず、相映すべきものなのである。相映すというのは相対立するの義である。両者の矛盾を昂むれば昂むるほど、相互映出の法界観又は一如観が成立するのである。」（注三十）

【訳文】
極楽浄土と現実世界とは、経典の言葉の有無などにかかわらず、お互い映し合っているべきものなのです。映し合うというのは、対立しているとも受け取れます。両者が矛盾していればいるほど、お互いを映し合う仏教的世界観が成立するのです。

ここでは極楽浄土と現実世界との関係性について、「交わることがないもの同士であるがゆえに、お互いを映し合っている」と述べられています。これは非常に難しい表現であると思いますが、例えば別の言葉に当てはめてみれば、自力という言葉は他力の意味を知らなければ出てこない言葉であり、有限という言葉は無限の意味を知らなければ出てこない言葉であると、言い換えることもできるでしょう。要するに、一方の言葉の意味が理解されるためには、たとえ無意識ではあっても正反対の言葉の意味をも感じ取っていなければ、言えるはずはないことになるのです。

しかしたとえそうだとしても、私たちが実際そのような事実に気づくことなどできないのではないか、といった疑問が生じてくるように思います。

その疑問に対する答えとして大拙氏が重要に考えたのは、ひと言で表せば「否定の経験」を経ているかどうか、という点になるでしょう。つまりこの世がそのままで極楽浄土になるわけではなく、私たちの知性的な見方をひるがえしていくことにより、はじめて極楽浄土という存在の、本当の意味に気づかされることになるのです。

もちろん、否定の経験とは投げやりになるようなことではなく、私たちの日常生活ではなかなか疑うことのない、自我へのとらわれや執着心から離れていくことと受けとめられるように思います。

そして、その先に見えてくるはずの霊性的な境地こそがそのまま極楽浄土といってもよいものとなるのであり、その境地に触れることで、必然的にこの世と極楽浄土とが映し合うことにもつながってくるわけです。

先に霊性的な世界とは私たちの見方が変わることによって気づかされるものと述べましたが、大拙氏はそのような世界を自覚する事実が最も大切であると考え、それによって浄土の教えについても種々の説明ができると考えていたのです。

また、浄土仏教といえば信心や念仏の問題も避けて通ることはできませんが、これらに関しても、先に述べました「時間の経過」や「空間のへだて」がないことを当てはめてみれば、答えはおのずと見えてくるように思います。つまり、この世で信心を得たり、念仏を称えたりすることの結果として死後に極楽往生するのではなく、この世で信心を得ることがそのまま念仏を心からありがたいと感じられるときであり、そしてその境地がそのまま極楽浄土の救いといってもよいことになるのです。

例えば、大拙氏は信心について以下のように述べています。

【訳文】

「それは心と心と相違せぬところに成り立つ、而して心と心との間に隔たりが出来て、一心が自他に分れる時、打失せられる。」（注三十一）

信心とは、私たちの心が統一されたところに成り立ちます。私たちの心が二つに分かれるとき、つまり物事を対象的にとらえているときには、すでに信心は消え去っているのです。

ここでは「心と心との間に隔たりができる」こと、つまり私たちが物事を対象的に受けとめてしまう限り、本当の信心は得られないのだと述べられています。対象的な世界観というのはまず中心に自分自身の判断があり、それに対する他者や物、環境などが存在するといった「相対的関係」が成り立ちますが、その関係を信心に当てはめてみれば、自身の立場をまず基本にすえて、それに対する特別な存在の力を信じたり、敬ったりすることになるでしょう。

しかし、そのような形での信仰は、本当の意味での信仰といえないのではないかと大拙氏は考えました。

一方で、何よりも大切なことは「心と心の相違せぬところ」、つまり自身のとらわれた心を離れていくことで気づかされるはずの仏教的な真理であり、それを自覚できたときこそが、心の統一された本当の信心と呼ぶべき境地であると受けとめていたのです。

「この名号に出くわすことは、直ちに弥陀に逢著することでなくてはならぬ。弥陀に備わっているすべての力は、彼の名にも具わっていなくてはならぬ。」（注三十二）

【訳文】
念仏に出会うことは、そのまま阿弥陀如来の救いを自覚することでなければなりません。阿弥陀如来の不可思議なはたらきは、私たちの称える念仏にも備わっていなければならないのです。

ここでは念仏が阿弥陀如来の救いそのものと述べられており、つまり先の信心と同様、仏教的な真理に触れていくことが、そのまま念仏を称える行為にもつながっていると解釈できそうです。

また、こうしてみますと、大拙氏の考える念仏とは声に出して称えたり、誰かが称えている念仏を聞いたりするような、「知覚」によって理解される念仏ではないことにも気づかされるように思います。

氏の考える念仏とは、私たちが浄土の救いを心からありがたいと感じられたときに、嘘偽りなく意識の底から沸き上がってくるような念仏であり、あえて表現してみれば「絶対的な一念のナムアミダブツ」とでも言えるようなものになるのでしょう。

また、大拙氏は親鸞聖人と同様、信心を得ることは難しいと述べています。

「他力不可思議の論理を獲得せんには、どうしても分別智の制約から逃れねばならぬ、自力のはたらきをその根底から覆さねばならぬ。これが中々できぬので、「難信」ということにならざるを得ぬ。」（注三十三）

【訳文】

不可思議な他力の仕組みを理解するには、どうしても分別的な考え方を離れなければなりません。自身を頼みとする心を根底からくつがえさなければならないのです。それがなかなかできないため、信心は難しいと言わざるを得ないのです。

浄土仏教はその中身や修行が難しいわけではなく、私たちが心からその教えを受け入れることがとても難しいのだと述べられています。大拙氏の言う極楽浄土の救いとは、私たちが「他力を自覚する」こととも言い換えられますが、その他力を受け入れるための器が、気づかないまま自我や執着によって満たされてしまっていると受けとめてもよいのかもしれません。

私たちは自分で執着を離れたつもりでも、実際にはなかなかそううまくいかないものです。気を付けていないと、仏教を学ぶことさえ執着の種となりかねません。学んだこと自体が、おごりの気持ちに変化してしまうことも十分あり得るからです。

また、反対に何もかも手離そうと思っても、手離すこと自体に執着が生まれてしまうことさえもあります。後悔の念がなかなか消え去らないのは、その良い証拠といえるでしょう。

こうしてみますと、大拙氏の考える浄土仏教とは、当たり前のように知性的な生活を受け入れている私たちにとって、とてもけわしい道のりであることが分かってきます。

第三章　西田幾多郎の思想

西田幾多郎《きたろう》の生涯

これまで親鸞聖人、そして鈴木大拙氏の思想について述べてきましたが、ここからは明治から昭和にかけての哲学者である西田幾多郎氏の思想を見ていきたいと思います。

西田氏は東洋と西洋の思想を交えた視点から独創的な哲学を打ち立てていますが、その思想は「西田哲学」とも呼ばれ、当時明確な哲学思想の確立していなかった日本の思想界にとても大きな影響を与えています。

また、その思想は哲学の分野のみならず宗教についても様々な角度から鋭い指摘がなされており、この本で取りあげている浄土仏教について考えていく上でも、非常に重要なものとなるように思います。

西田幾多郎氏は、明治時代初期の一八七〇年に石川県かほく市で出生しており、先に述べた鈴木大拙氏とは同級生にあたります。十代前半の頃から数学や漢文を学び、特に数学に関しては人一倍熱心だったようで、一時期は数学者になることも真剣に考えるほどでありました。

その後、一七歳の時に金沢第四高等中学校へと進学することになりますが、西田氏はのちの回顧により、この時代の友人がその後の人生に多大な影響を与えることになったと述べています。

すなわち、同級生であった国文学者の藤岡作太郎氏や教育者の山本良吉氏、また鈴木大拙氏などの存在が、西田氏の生涯にとって非常に重要であったと受けとめることができるでしょう。

その後二十一歳の時に上京し、東京帝国大学哲学科の選科生として学問に励んでいきますが、しかし当時の選科生というのは本科生との差別が明確であったこともあり、学ぶことに熱心な西田氏にとっては多くの悩みや葛藤の種となっていたようです。

大学卒業後は地元に戻り、母校において教師の道を歩むことになりますが、他方で二十代半ば頃からは禅の教えにも興味を持ちはじめ、教師としての仕事を行いながら定期的に禅寺に通い、参禅修行を行うようになっていきました。氏は長い間教師と参禅修行とを両立させた生活を送り、三十代前半の頃には師匠によって見性の境地を得たと認められるまでにいたっています。

そして、三十代後半になると再び地元を離れて学習院大学の教授に着任し、その翌年からは京都大学において助教授、そして教授への道を歩んでいきますが、一方でこの時期には次女が亡くなる不幸にも直面し、精神的につらい日々を過ごしていたようです。

また、西田氏は四十一歳の時に、長年蓄えてきた思想を一冊にまとめた「善《ぜん》の研究」を出版しています。善の研究はのちに日本で最初の体系的哲学書とも呼ばれるほどになりますが、発売当初も数多くの人に大きな影響を与え、特に京都大学の学生などはその思想に感銘を受け、直接氏のもとを訪ねて教えを乞う者も多かったようです。

その後、五十代にさしかかる頃、西田氏にとっての大きな転機が訪れます。長年連れ添った妻が脳卒中にかかり、一命はとりとめたものの療養の必要な状況となったのです。氏は立つこともままならなかった妻に対して献身的に寄り添っていましたが、結局五年ほど経ったのちに、妻は亡くなってしまうこととなります。

このように、幾多の辛い経験を経ながらも京都大学教授を定年まで勤め上げた西田氏は、その後自宅のある京都と鎌倉とを往来する生活を送りながら、執筆活動の方に力を入れていき、後世にまで残る数多くの哲学論文を発表していきました。

晩年はリウマチを患い、不自由な生活を余儀なくされながらも執筆活動は続けられていましたが、七十五歳の時急な病により永眠しています。

西田氏は非常に頭脳明晰であり、疑問に感じることは納得のいくまで追求し、答えを見つけ出そうとする熱意と誠実さをかね備えていましたが、三十代後半までは地元の教師という立場以上にその能力を発揮する機会もなく、歯がゆい思いを感じていたのではないかと察することができます。

また、次々と訪れる身内の不幸によっても、人生を揺るがすほどの大きな影響を受けていたといえるでしょう。十代半ばには姉を失い、また戦時中は弟が戦死しています。結婚後はたくさんの子供に恵まれましたが、次女が六歳で亡くなり、その後も三人の子、そして妻が先立っていく不幸に直面した事実を考えれば、人生の意味について振り返らざるを得なかったであろうことは、想像に難くありません。

例えば、西田氏が四十歳頃に書いた手紙には、以下のような言葉が見られます。

「今まで愛らしく話したり、歌ったり、遊んだりしていた者が、たちまち消えて壺中の白骨となるというのは、如何なる訳であろうか。もし人生はこれまでのものであるという

ならば、人生ほどつまらぬものはない、ここには深き意味がなくてはならぬ、人間の霊的生命はかくも無意義のものではない。死の問題を解決するというのが人生の一大事である、死の事実の前には生は泡沫の如くである、死の問題を解決し得て、始めて真に生の意義を悟ることができる。」（注三十四）

この文章を読むと、数多くの不幸に直面してきた氏自身の深い苦悩が直に伝わってくるようです。西田氏の哲学には禅の教えがとても大きな影響を与えていますが、一方で次々と訪れる身内の不幸を目の当たりにすることで、その哲学はさらに深みを増し、宗教の本質にまで迫っていくことになったのかもしれません。

そして、もう一つ忘れてならないのは、先に述べた鈴木大拙氏を始めとする、共に切磋琢磨して学んでいけるような友人が多かったことです。特に大拙氏とは思想面でもお互いに議論することが多かったようで、二人の思想に数多くの共通点を見出すことができるのは、長い間お互いを高め合ってきた結果に他なりません。

ここからは、西田哲学の中でも特に宗教と関連する言葉を取りあげていこうと考えていますが、私自身いまだその哲学に対して理解の不十分な点があるため、あくまで私なりの視点から述べた意見であることを、あらかじめご容赦いただきたく思います。

また先にも述べましたが、大拙氏と西田氏の思想には根本的なところで同じ東洋思想が根付いており、表現は異なれども内容的には重なる部分が多くみられるように思います。したがって、先の章で述べた内容の繰り返しのように感じられる部分もあるかと思われますが、合わせてご承知おきください。

実在するもの

「本当に存在するものとは、いったい何なのだろう」といったような疑問は、おそらくほとんどの人が気にも留めていないのではないかと思います。一般的に見れば、私たちの目の前に存在する人や物、環境などを「実在」するものと考えるのが当然であり、誰も疑うようなことはないはずです。

しかし西田氏は、そのような形で存在するものを本当の実在と決めつけてしまってよいのかと、疑問を感じていたようです。

それは何故かといえば、私たちの目の前に存在するものはあくまで私たち一人ひとりの「意識」を通じて現れ出ているものであり、もし意識がなくなってしまえば目の前の事物が本当に存在するのかどうかを証明できる人など、誰もいないことになるからです。

少しややこしくなりますが、つまり私たち自身の意識を抜きにしたままで、見たり触ったりできるものだけを普遍的な実在とするのは間違っているのではないか、といった意味に受け取ることができるでしょう。

「我々に最も直接である原始的事実は意識現象であって、物体現象ではない。我々の身体もやはり自己の意識現象の一部にすぎない。意識が身体の中にあるのではなく、身体は反って自己の意識の中にあるのである。」（注三十五）

【訳文】

私たちに最も身近な事実は意識現象であって、物体現象ではありません。私たちの身体と考えられるものも、やはり意識しているものの一部に過ぎないのです。意識が身体の中にあるのではなく、私たちが意識することによって身体が存在するのです。

西田氏はここで、非常に大胆な発想の転換を行っています。

それは何かといえば、私たちの身体、つまり脳が意識を生むのではなく、意識が存在することによってはじめて私たちの身体が成り立つというのです。しかしそうはいっても、それを断言してしまえば、目の前のすべてがただの空想であるとも受け取られかねません。

その点について西田氏は、私たちの意識現象がすべて正しいわけでも、また反対に物質現象がすべて正しいわけでもなく、意識が及ぶ範囲においては「普遍的な理」というものが存在するために、すべての人があらゆる現象を共有できているのであり、私たちの意識と周囲の世界との間には、お互いに切っても切り離せない関係性が存在しているのだといいます。

そして西田氏は、私たちの意識と周囲の世界との間に起こる相互のはたらきかけのことを「統一力」と名付けていました。

例えば私たちの意識が「統一するもの」であるとすれば、目の前に存在する物質や環境などは「統一されるもの」としての立場をとり、お互いに関連し合って成立していることになるわけです。そして、その関係性が最も深まった状態こそが世の中の真理、すなわち本当の実在と呼べるものではないかと結論付けていったのです。

また、本当の実在は「無限の統一力」を持つがゆえに、その反面で「無限の衝突」があるのだとも言っています。

それは、例えば「白」といえば「黒」、「寒い」といえば「温かい」などの身近なものから、「自己」と「他者」、そして「生」と「死」など、お互いに反発し合う要素があるからこそ、その反面で統一するための力が存在し得るといった意味になるでしょう。

西田氏はその点に関連して、以下のようなことを述べています。


「水を動かすのは水の性に従うのである、人を支配するのは人の性に従うのである、自分を支配するのは自分の性に従うのである、我々の意志が客観的となるだけそれだけ有力となるのである。」（注三十六）

【訳文】

水を知るとは水の性質に従うことであり、人を知るとは人の性質に従うことなのです。

また自分を知るというのは自身の性質に従うことになります。つまり、私たちの主観的

立場が客観に近づけば近づくほど、実在としての力が増すのです。

ここでは「我々の意思が客観的となる」ことによって、実在へと近づいていくのだと述べられています。要するに、私たちが主観的な立場、つまり自分中心の視点で世の中を見ることによって衝突へと向かい、反対にそのような立場を離れれば離れるほど統一力がはたらき、本当の実在に近づいていくこととなるわけです。

例えばそれを自然環境への接し方に当てはめてみますと、人間の都合が良いようにどこまでも開発を推し進めていくような姿勢からは、人と環境との衝突が感じられますが、あくまで自然環境を大切にしていくあり方においては、本当の実在へと向かう統一力が感じられることになるでしょう。

そして西田氏は、私たちがそのような「実在」に触れるための仕組みについて「純粋経験」という別の言葉を用いても表現しています。そこで、ここからはその純粋経験についても詳しく見ていきたいと思います。

「ごうも思慮分別を加えない、真に経験そのままの状態をいうのである。例えば、色を見、

音を聞く刹那、未だこれが外物の作用であるとか、我がこれを感じているとかいうような考のないのみならず、この色、この音は何であるという判断すら加わらない前をいうのである。」(注三十七)

【訳文】

少しも自らの思いを加えない、本当に経験そのままの事実をいうのです。例えば色を見たり音を聞いたりする瞬間、それがどのように作用しているのか、また自分がどのように感じているのかといった思いもなく、色や音に対する判断以前のことをいうのです。


自らの判断を加えず、無心のままに取り組んでいるその刹那において「純粋経験」をしているのだと氏はいいます。

それは例えば身近なところでは、道端に花が咲いているのを見てきれいだと感じられた刹那であったり、スポーツにおいて結果を気にせず、体の動くがままに競技をしている瞬間などを挙げることができるでしょう。

また、絵を書いたり詩を詠んだりする際に、あれこれと技巧を加えたりせず気持ちをありのままに表現することなども、当てはめてみることができそうです。つまり、自らの純粋な感情と考える対象とを分ける間もなく、また余計な図りごとなどをも交えずに、自然のままに感じ、行動できている瞬間のことを純粋経験と名付けていたのです。

さらに西田氏は、「思惟」や「意志」といったものについても、その根底には純粋経験が潜在しているといいます。つまり私たちが思ったり、目的を持って行動する気持ちの中にも、思慮分別を加えないありのままの感情が潜んでいることになりますが、普通に考えれば何かを思ったり行動したりすることには、自らの独断や偏見が混じっているため、なかなかありのままにとはいかないようにも思います。

西田氏はその点について、「馬が走る」と思ったときの気持ちを例えに出しています。「馬が走る」と思ったときには、すでに無意識下において馬というもの、そして走るという動作を分析し終わっていると想定できますが、その分析の背後には事実をありのままに受け入れている純粋経験がなければ出てこない言葉であるというのです。

また「意志」についても触れておきますと、私たちが現状をありのままに受け入れられているときが意思の統一、すなわち純粋経験に近づくときであり、反対に現状に満足できず、望んでいることと客観的事実とがかけ離れてしまう場合には、純粋経験から遠ざかっているのだと考えていたようです。

それは例えてみれば、たとえ自分に能力が無かったり貧しかったりしても、それをありのままに受け入れて生活できることが純粋経験に近づくことであり、反対にいくら優れた能力があったり物質的に恵まれたりしていても、欲求不満を感じてしまう場合には純粋経験から遠ざかっていると解釈することもできるでしょう。

そして、西田氏はそのような「純粋経験」が深まりを増していくことを「知的直観」とも名付けていました。

「モツァルトは楽譜を作る場合に、長き譜にても、画や立像のように、その全体を直視することができたという。……知的直観とは我々の純粋経験の状態を一層深く大きくしたものにすぎない、即ち意識体系の発展上における大なる統一の発現をいうのである。」（注三十八）

【訳文】

モーツァルトは楽譜を作る際に、たとえ長いものでも絵や像を描くように、その全体を

とらえることができたといいます。……知的直観というのは私たちの純粋経験を一層深く大きくしたものにすぎません。すなわち意識が発展することで大きな統一力が働き、真の実在へと近づいていくことをいうのです。

純粋経験は、世の中の様々な矛盾や困難を経験することによって深まりを増していくことになると考えられます。なぜならば、矛盾や困難といったものが衝突であるとすれば、その裏側には必ず統一、すなわち「実在」が潜んでいることになるからです。

様々な経験を乗り越える中で次第に主観と客観とを隔てない視点、つまり統一力のはたらいた視点から物事を見ていけるようになり、その経験が深まりを増していくことによって、最終的には「知的直観」にまで至るようになると西田氏は考えていたのです。

モーツァルトなどはその知的直観にまで至った典型的な好事例といえますが、もちろんそのような深い意味での経験は、そう簡単に得られるものではないでしょう。

しかし、日常生活に根ざした純粋経験に始まり、「思惟」や「意志」に含まれる純粋経験、そしてその先にみられる知的直観に至るまで西田氏がこれだけ詳細に論じているのは、私たちの分別的な視点を超えたところに本当の実在が存在することを強調していたのだと察することができそうです。

「善《ぜん》」の正体

ここからは、西田氏が出版した著書のタイトルともなっている「善」の問題について考えていきたいと思います。

一般的には人のために良いことしたり、社会に貢献したりすることを「善」、そして他者の利益を損ねたり、害したりすることを「悪」と考えるのが当然でしょう。しかしそうなると、それ以上何を考える必要があるのか、といった疑問さえ生じて来かねません。

もちろん、西田氏もそのような善悪のあり方を否定していたわけではありませんが、それとはまた違った角度から「善の本質」ともいうべきあり方を追求していたように見受けられます。

例えば、誰もが意識せずとも何となく良いと感じるような行い、つまり「世間的な良心」とも呼べるようなものについて、氏は次のように述べています。

「我々は個々の場合において善悪の判断に迷うこともあり、今は是と考えることも後には非と考えることもあり、又同一の場合でも、人によりて大に善悪の判断を異にすることもある。」（注三十九）

【訳文】

私たちは個々で善悪の判断に迷うこともあり、今は善いと思っても後で悪いと考え直すこともあり、また同じ内容について、人は善いと言っても他の人は悪いと言ったりすることもあります。


ここでは私たちが何となく当然としている善悪の基準が、実は非常にあいまいな要素を含んでいるのではないかと指摘されています。

確かに私たちの身辺を振り返ってみても、例えば指導方針などは何を持って正しいとするのか、人によって様々に意見が分かれるように思います。しかも教育のあり方は時代の状況によっても左右されることがあり、そうなると一番良い教育について断言できる人など、誰もいないような気さえしてくるでしょう。

このように、はっきりとした基準のない世間的な良心というものは、少し掘り下げてみると容易に移ろいやすい、不安定なものといえることが分かってきます。

また、西田氏は「権力」に従うこと、例えば国家や法律、親からの教訓などに従う行為についても言及していますが、それはすなわち定められた規範に従うことが善と呼べるのかどうか、という問題になってきます。

確かに社会生活の中では、定められた規範に正しく従うことが善であると考えられなくはありません。ただ、一方で権力というものは善悪を判断するまでもなく強制的に従わせることが可能であり、罰せられる恐怖によって仕方なく従っている場合も多いのではないかと思われます。

このような権力を基準とするあり方については、現在の日本においてはあまり意識されることはないかもしれませんが、国家からの圧力を受けやすい国々などにおいては、自らが率直に善と感じることであっても、国家からは悪とみなされてしまう場合も多く、非常に切実な問題ではないかと考えられます。そして、それらの状況を踏まえてみると、やはり権力によって善悪を考えることには無理があると言わざるを得ないでしょう。

結局西田氏は先に挙げたような二つの基準、すなわち世間的な良心や権力に従順であるがゆえの善については、普遍的な善として成り立たないものであると考えました。そして、本当の善と呼ぶべきものは、外部で作り上げられた決まりに従うのではなく、個々の内面に求めていく必要があると結論付けていくのです。

では、個々の内面に善悪の基準を求めるとは、一体どのようなことをいうのでしょうか。西田氏はその疑問に対し、いくつかの事例を取りあげて説明しています。

まず一つ目については、私たちの知識によって道徳観を作り上げていくこと、つまり人間の有する「理性」によって善悪を考えることが挙げられます。

このような見方は、表向きは誰もが認める正しい基準であるように感じられますが、他方でいくつかあいまいな点があることにも気づかされます。

例えば道徳的なことを強調しすぎるあまり、他者に対して「こうあるべき」といった理想を押し付けてしまったり、また節度のある人が善人である、といった単純な発想に傾きがちな点を指摘できるでしょう。

実際は多少道徳に反するような生き方をしてきた人であっても、自身が苦い思いを知っているからこそ、他者の苦しみを身に染みて感じられることなどは、単純な理性のみで世の中が割り切れないことをよく表しているのではないかと思います。

また、二つ目の例としては私たちの「快、不快」といった感情を基準にして善悪を考える場合が取りあげられています。この場合においては、自らが快と感じることを善、逆に不快に感じられることを悪とみなすわけですが、やはりこの基準にも不十分な点があることは否めません。

自分が嫌なことは他人も嫌なことと受けとめるのは当然だとしても、自身の満足がそのまま他者にも通じるとは限りませんし、自分一人の快を善とするのか、多人数に共通する快を善とするのかの基準も、非常に線引きが難しいように思われます。

結局、善悪の基準を感情論にゆだねてしまうと、人それぞれに異なった善が考えられるため、それをそのまま普遍的なものとするのは難しいと言わざるを得ないでしょう。

それでは、西田氏の考えていた本当の善とは一体何だったのでしょうか。

「個人において絶対の満足を与える者は自己の個人性の実現である。即ち他人に模倣のできない自家の特色を実行の上に発揮するのである。個人性の発揮ということはその人の天賦境遇の如何に関せず誰にでもできることである。」（注四十）

【訳文】

私たちにこの上ない満足を与えることは、自身の個人性を発揮することです。つまり、他の人にはまねのできない自己の特色をそのままに表現するのです。個人性の発揮というのは、人それぞれの才能などにかかわらず、誰にでもできることなのです。

西田氏は私たちがそれぞれの「個人性」を発揮し、発展していくことこそが最も尊い善であると受けとめていました。しかしここで注意すべきなのは、氏の考える個性というものが何を意味しているのか、という点です。

ここで言っている個性とは、もちろん好き勝手に振舞うようなことではなく、自己アピールをしたり、社会的な立場を手に入れたりすることでもありません。その点については「個性的」と「利己的」という二つの言葉に当てはめてみると、少し分かりやすくなるように思います。

自分を誇ったり、地位や名誉を手に入れて良かれと考えること、また逆にそれらを得られずに自分を卑下したりすることなどは、本来の自己を見ているのではなく、自身の周囲に存在する「付属品」に気を取られていることになります。世間一般に認められることを尊重し、それを個性と受けとめていることにもなりますが、そのような考え方は個性的というよりも、むしろ利己的と考えておく必要があるのです。

一方で、ここで言っている個性的というのはそれとは真逆の考え方、つまり世間的な欲望や立場などにとらわれない所から見えてくるものといえます。

自己中心的な心から離れていくことにより、自分本位ではない視点から世の中の自然なあり方を尊重していけること、そしてその中から本来の役割や生き方を見出していけるところそが、西田氏の主張する個人性の実現、つまり本当の個性と受けとめることができるのです。

また、氏はその点について次のようにも述べています。

「一社会の中にいる個人が各充分に活動してその天分を発揮してこそ、始めて社会が進歩するのである。個人を無視した社会は決して健全なる社会といわれぬ。」（注四十一）

【訳文】

社会の中にいる個人が、様々な活動を通じてその特性を発揮することで、始めて社会が

進歩するのです。個人性の発揮を無視した社会は、決して健全な社会とはいえません。

西田氏は、私たちがそれぞれの特性を十分に発揮できる社会こそが、最も健全な社会であると考えていました。つまり、周囲の評価を基準にして生きるのではなく、どんなに小さなことであっても、一人ひとりが唯一無二の人格を実現していくことこそが、結局は最も社会のためになるというのです。

それでは、私たちはこの現代社会において、存分に個性を発揮できていると受けとめてよいのでしょうか。

その点について改めて振り返ってみますと、私たちは幼い頃から一定の型にはまった教育を受け、そして良い学校に行き、良い会社に入るといったような競争原理のもとで、個人性の尊重とは言い難い社会に生きていることにも、気づかされるように思います。

そのような流れから離れようとすれば、社会から疎外されてしまうことにもなりかねず、皆どこかで生きづらさを抱えながらも、自分なりに納得して生きているのが現実といえるのかもしれません。もちろんそのような生き方を否定できるわけもなく、世界を見渡してみても、現代は生きづらさを抱えていない国などないようにさえ思えるほどです。

しかしながら、そのような状況において自らの境遇に不満を抱え、社会や自分自身に絶望してしまう人々が少なからず存在していることも、また否定できない事実といえるでしょう。そのような人々の抱える「自分はダメな人間だ」という無意識下のメッセージは、結局社会全体の判断基準が、個性的な面ではなく利己的な面に向けられてしまっていることに、その大きな要因があるようにも思われます。

たとえ境遇に恵まれずとも、それぞれの特性を十分に発揮していける社会こそが健全であるという西田氏の主張は、その点から見ても非常に意味深く感じられてきます。

絶対矛盾的自己同一《ぜったいむじゅんてきじこどういつ》

ここまで実在と純粋経験、そして善の問題について考えてきましたが、西田氏の主張は言っている言葉こそ異なれども、根本的な部分においてはつながりを持っていることにも気づかされるように思います。

そして、ここで取りあげている「絶対矛盾的自己同一」に関しても、今までとは違った角度からの主張ではありますが、そこにはやはり氏の一貫した思想内容を見て取ることができるはずです。

西田氏は、世の中の根本的な仕組みを「絶対矛盾的自己同一」という言葉によって表現しており、それは「お互いに矛盾して交わらないもの同士は、矛盾しているがゆえに本質は一つである」といった意味に受け取ることができます。そして西田氏は、この言葉が世の中のあらゆる仕組みに当てはめられるのではないかと考えたのです。

例えば、私たち人間（主体）とそれ以外の物や環境（客体）とは矛盾して交わらないもの同士といえますが、氏はその関係性について以下のように述べています。

「真に矛盾的自己同一の世界においては、主体が真に環境に没入し自己自身を否定することが真に自己が生きることであり、環境が主体を包み主体を形成するということは環境が自己自身を否定して即主体となることでなければならない。」（注四十二）

【訳文】

真の絶対矛盾的自己同一の世界においては、自我にとらわれた心（主体的な見方）を離

れることが、そのまま環境（客体）と一体になり本当に生きることとなり、また逆に受けとめれば、環境（客体）がその存在を私たち（主体）に示し、一体となっていくのでなければなりません。

ここで西田氏は、お互いに矛盾して交わらないもの同士は、お互いがそれぞれの「存在を否定」する、すなわちお互いがそれぞれ抱えている「固定化された概念を離れる」ことによって、二つがもともと一つの真理であったことに気づいていくのだと言っています。

お互いが固定化された概念を離れることの意味としては、私たちにとっては人間中心の見方を離れ、環境に寄り添っていくことと受けとめられますし、一方で環境が自らの概念を離れるなどといえば何だかややこしく感じますが、つまり物や環境などが、私たちの感覚や知覚に添うように出来あがってくれていると受けとめてみれば、少し分かりやすくなるように思います。

このような理由により、「主体」と「客体」とは絶対に交じり合わない性質同士であるがゆえに、本来は同一性を持つものであると主張するに至ったのです。

また、西田氏は私たちが疑いなく別々に受けとめている「過去」と「未来」との関係性においても、絶対矛盾的自己同一が成り立つのだと言います。

「絶対矛盾的自己同一として作られたものより作るものへという世界は、過去と未来とが相互否定的に現在において結合する世界であり、矛盾的自己同一的に現在が形をもち、現在から現在へと自己自身を形成し行く世界である。」（注四十三）

【訳文】

絶対矛盾的自己同一として作られたものから作るものへという世界は、過去と未来とがお互いの意味を否定し、現在のとどまることなく動いている瞬間に溶け合っているものであり、矛盾的自己同一的に存在している世界が、とどまることのない動きで一瞬一瞬に世界を作り続けているのです。

この文章を私なりに解釈してみますと、過去と未来というものは人間が勝手に作り出した幻想のようなもので、実際は過去と言ったその瞬間がもうすでに未来と接している一瞬であり、とどまることの決してない流れの中では「現在」という言葉さえも当てはめられないことになるはずです。したがって、過去と未来とは決して交わることがなく、現在の流れにおいて溶け合っているものであり、そこから世界が刻々と作られていると受けとめてみれば、何となくイメージを持つことができるのではないでしょうか。

私たちは生まれて以来、目の前の事象を固定化したものと受けとめ、過去は過去、未来は未来としてそれぞれが独立しているような感覚を持っています。しかし西田氏はその点について、過去がその存在を否定し、また未来もその存在を否定することによって、一瞬たりともとどまることのない「今現在」のなかでつながりを持つ関係になっていると考えたのです。

また、時間の流れをとどまることのない永遠のはたらきとする見方については、仏教の教えにおいても中心的な思想として存在しています。仏教には「諸行無常《しょぎょうむじょう》」という有名な言葉があり、「この世のすべては移り変わるもので、一時もとどまることはない」といった意味になるのですが、この言葉は今述べてきた氏の主張と重なる点が多いようにも感じられます。

そして、ここでもう一つ触れておきたいのは、西田氏が絶対矛盾的自己同一の考え方を私たち人間（限られたもの）と、神や仏（限られないもの）との関係についても当てはめていたことです。つまり私たちと神や仏とは、お互い矛盾した関係であるがゆえに、本質が同じであることになってきます。

「過去と未来とが自己矛盾的に、現在において同時存在的なる矛盾的自己同一的現在の形成要素として、我々は生命の始においてかかる約束の下に立たねばならない。我々はいつも絶対に接しているのである。ただこれを意識せないのである。我々は自己矛盾の底に深く省みることによって、自己自身を翻して絶対に結合するのである、即ち神に帰依するのである。これを回心という。そこには自己自身を否定することによって、真の自己を見出すのである。」（注四十四）

【訳文】

過去と未来とがお互いを否定し、現在においてとどまることなく溶け合う世界のはたらきのなかで、私たちは宇宙の始まりからそのような約束のもとに立たされています。私たちはいつも無限に接しているのです。ただ、これを意識はしていません。私たちは自身の限界に気づき、深く内を省みて、自我に覆われた見方をひるがえすことによって、無限のはたらきに気づくことがあります。すなわち、神や仏の本当の意味に気づかされ

ることがあるのです。これを回心といいます。そこでは自己中心的な見方を否定したことにより、本来の自己を見出すのです。

私たちは止まることのない無限の流れ、仏教的に言えば諸行無常の中に生かされているにもかかわらず、人間中心の見方によってそのはたらきを感じ取ることができません。しかし「自己矛盾の底に省みる」こと、すなわち私たちが自らの限りある力、限りある命に気づいたとき、その見方をひるがえすことによって、無限の流れに接している事実に気づかされることがあるというのです。それは言い換えれば、自我へのとらわれから解放されていくことで世の中に対する見方が変わり、神や仏の本当の意味に気づかされていくのだといってもよいでしょう。

また、私たちがその事実に気づかされたときには、他方で神や仏が私たちにその存在を示してくれたことになるのであり、ここでお互いに交わることのなかったもの同士が一致するという「絶対矛盾的自己同一」の関係が成り立つことにもなるわけです。

一般的に宗教といえば、信じるための手段や信じる対象については詳しく説かれているものの、信仰の境地に至るまでの「経緯」については、抽象的な表現にとどまってしまう場合がほとんどです。それは宗教の性格上仕方のない面もありますが、何に対しても根拠を必要とする現代人にとって、それだけでは何か物足りなさを感じることも事実です。

その点について、今述べてきました絶対矛盾的自己同一に関しては、宗教の本質的な部分を理論化しているところにその大きな特徴が見られるため、宗教を信じられなくなった現代においても、非常に意味のある言葉として受けとめられるのではないかと思います。

西田の宗教観

私たちが「生きる目的」について問われたとき、すぐに答えの見つけられる人は少ないように思います。しかし少し冷静に考えれば、社会に貢献したり家族のために働いたり、また生きている間に名を馳せたりすることが、その答えとして浮かんでくるのかもしれません。

しかし、西田氏はそのような考えとは違った角度から「人間存在の意味」とでもいうべきものを見据えていたようです。

それは何かといえば、宗教こそが「生きることそのものの意味」になりうるものであり、決して他の手段にすべきものではないと考えていたのです。西田氏はそれほどまでに宗教的な境地を大切に考え、そしてその仕組みを表すために哲学的な宗教観とも呼べるような数多くの理論を築いていきました。

氏の宗教観については、今までの内容からもおおよそは察していただけるように思いますが、ここではその中身をもう少し掘り下げてみたいと思います。

「我々は客観的世界に対して主観的自己を立しこれによりて前者を統一せんとする間は、その主観的自己はいかに大なるにもせよ、その統一は未だ相対的たるを免れない、絶対的統一はただ全然主観的統一を棄てて客観的統一に一致することによりて得られるのである。」（注四十五）

【訳文】

周囲の世界を私たちに対するものとして考え、そしてそれを支配するという立場をとる限り、たとえ目的が尊くとも、その考え方ではいまだ相対的な立場から脱することはできません。絶対的な立場とは、私たちが主観的立場を捨てて客観的立場に一致すること

で、初めて得られるものなのです。

これまでにも述べてきましたが、西田氏は宗教を考える上で、主観と客観とを分けて考えないあり方を最も重要視していました。すなわち私たち一人ひとりの意識と周囲の世界とが別々ではなく、一元的ともいえるような関係性にあることがとても大切なことといえますが、ここではそのあり方における「注意点」についても触れておきたいと思います。

私たちは普段、自分自身（主観）と周りの環境（客観）とを何の疑いもなく分けて生活しているため、「主観と客観とが同一になる」と聞けば他者との「協力」や「絆」、もしくは環境との「共生」といったような言葉を連想してしまいがちです。もちろんそのような考え方自体が悪いわけではありませんが、氏の言葉はそれとはまた違った角度から発せられたものであることに、注意しておく必要があるのです。

西田氏は宗教的な見地に立って「主客の合一」と言っていますが、主観と客観とを隔てないあり方というのは、人間の自我を主とする立場からではどうしても知り得ない事実なのです。要するに、一度でもその立場を根本的にひるがえさない限り、主客の合一に触れることはできないのだと考えておく必要があるでしょう。

一方で、もしそのような立場をひるがえして世の中を見ることができたときには、意図的に協力や絆、もしくは共生といった言葉を持ち出さずとも、おのずから自身と周囲の世界とが分け隔てのないつながりを持っていたことに気づかされるのであり、西田氏はそのような、すべてがありのままでよいと実感できるような境地のことを「主客の合一」と呼んでいたのです。

「翻って考えて見れば、分裂といい反省といい別にかかる作用があるのではない、皆是統一の半面たる分化作用の発展にすぎないのである。分裂や反省の背後には更に深遠なる統一の可能性を含んでいる、反省は深き統一に達する途である。」（注四十六）

【訳文】

視点を変えてみますと、矛盾といってもそれらはすべて統一の半面である分化作用が発展したのだと考えればよいのです。対立の背後にはさらに大きな統一の働く可能性があります。反省、すなわち自己を省みる心が生じることは、深い統一へと達するための道なのです。

西田氏はここで「分化」と「統一」という言葉を用いています。

人間から意識というものが生まれ、世の中を様々に分けて考えるようになるために「分化」という概念が生じて来ますが、一方で分化が生じるということは、元の場所に還るための統一が存在せねばならないことになるわけです。そして、その統一へと向かっていく意思こそが本当の信仰と呼べるものではないかと、西田氏は考えていたのです。

ただ、統一の境地とはいってもそれは千差万別に存在する世の中を無意味なものにしてしまうわけではなく、植物は植物、動物は動物、そして私たち人間は人間としての特性を発揮しつつその本分を尽くしていくところ、つまり「ありのままの事実」そのものを捕捉していくところに、統一という言葉本来の意味が見出せるのです。

また、西田氏は分裂や反省が深い統一へと達する道であるとも述べており、大きな矛盾を感じたり自己を省みたりする気持ちの強いことが、そのまま深い信仰心へとつながるきっかけになることが示されています。

その点について、例えば禅の教えには「大疑のもとに大悟あり」という言葉があり、大きな疑いの背後には大きなさとりがある、といった意味合いになるのですが、西田氏の主張はその事実をよく言い表しているようにも感じられます。

「単に内在的方向へ行くことは、世界が自己自身を失い、人間が人間自身を否定することである。我々は何処までも内へ超越して行かなければならない。内在的超越こそ新しい文化への途であるのである。」（注四十七）

【訳文】

人間的立場に徹すること、分別的な世界にのみ生きることは、世界がその本質を失い、人間がその存在を否定することにもつながります。私たちは、どこまでも人間中心に考えられた世界観を超越していかなければなりません。内に向かっての超越こそが、新しい文化への道となるのです。

どこまでも人間的な立場に徹していくこと、人間の感覚や知覚で得られる世界がすべて正しいと考えていくことで、次第に人間の都合の良いようにしか世の中を作りあげることができなくなっていきます。そして、必然的に物質中心主義で世の中が動いていくことになり、その結果として他の生命に対する配慮もなくなっていくことになるでしょう。

もちろん、生活を豊かにすることはとても重要なことですが、私たちが地球上で他の生命と共に生活していること、そして人間とは本来宇宙の仕組みによって生み出された「受け身の存在」であることを忘れてしまうときに、私たちは生命の本質を見失っていくことになるのかもしれません。

西田氏はここで「内在的に超越する」と言っていますが、それは今まで述べてきたことと同様、人間中心の分別的な視点をひるがえすことを意味しているのだと思います。

人間の認識だけではどうしても考えの及ばないことがあると気づくとき、私たちは初めて、心の底から謙虚な姿勢で生きられるのではないでしょうか。そのようなときに改めて世の中を見渡してみれば、今までとはまた違った景色が見えてくることにもなり、その違った景色こそが氏の言う「内在的超越」の境地へとつながっているのではないかと思います。

西田氏は、私たちが分別的な視点から文化を発展させていくことには、限界があることに気づいていました。本当の文化というものは人間中心主義を離れたところからこそ生み出される必要があり、今後の世界に最も必要とされるのも、そのような宗教的背景を持つ文化であると考えていたのです。

第四章　現代に映る浄土

浄土のありか

ここでもう一度浄土仏教に立ち返り、現代の私たちがその教えをどのように受けとめたらよいのかを考えてみたいと思います。

親鸞聖人は、この世で阿弥陀如来の救いを信じることができれば「正定聚の位」に至り、それはそのまま死後の極楽浄土にまでつながっているのだと説きました。この世で信心を得るという事実を、それほどまで大切に受けとめていたのです。「仏と等しい位」とまで言い切っていた信心確立の境地は、生きている内に何らかの心境の変化を伴うものであったと察することができるでしょう。

また鈴木大拙、西田幾多郎の両氏は独自の宗教観や哲学を展開していきましたが、それは死後の話ではなく、この世において宗教の真理を自覚するための思想であったと受けとめることができます。

その中身を少し振り返ってみますと、大拙氏は私たちが普段疑うことなく過ごしている「知性的な世界」の他に、「霊性的な世界」を考えておく必要があると主張しました。しかし二つの世界とはいっても、もともとは「ただ一つの真実」であるはずのものが、私たちの作りあげる知性的な世界観によって二つに分けられてしまっているのだといいます。

そのため、霊性的な世界とはこの世と関係のないものではなく、私たちが知性的な見方を離れていくことで、自ずと気づかされていく世界と受けとめることができるのです。

そして大拙氏は、そのような境地に触れる体験そのものが、浄土仏教を理解することにもつながっていると主張しました。つまり、霊性的な世界に触れることが阿弥陀如来の救いを実感することであり、また極楽浄土の世界といってもよいことになるわけです。

また、西田氏も独自の観点から宗教について論じています。

本当の「実在」とは、自身と周囲の事象とが一体となる主格の合一にあるとし、その実在に触れるための仕組みとして「純粋経験」を主張しました。またそのようなあり方は、私たちが本来備えている個人性を発揮することにつながり、それはそのまま普遍的な「善」として受けとめることもできるというのです。

また、世の中の仕組みを「絶対矛盾的自己同一」として説明し、その仕組みは私たちと神仏との関係性においても当てはまるものと考えました。すなわち「人間と神仏とは絶対に矛盾して交わらない同士であるがゆえに、その本質は一つである」といった意味になりますが、西田氏は人生における矛盾や反省を通して自己中心的なあり方を否定していくことにより、それを乗り越えた先には統一の境地とも呼ぶべき信仰の世界が開けてくると結論付けたのです。

このように振り返ってみますと、両氏の思想はその根底においてつながりを持っていることにも気づかされるように思います。それは何かといえば、宗教を本当に理解するためには、私たちが疑うことなく抱え込んでいる知性的、分別的な世界観を一度でも離れてみなければならないという点において、おおよそ意見が一致しているのです。

そして、ここでもう一度親鸞聖人の教えに戻ってみたいと思います。

繰り返しになりますが、親鸞聖人はこの世における阿弥陀如来への信心が、そのまま死後の極楽浄土にまでつながっていると主張しました。つまり、信心を得ることと死後の極楽浄土とを分けてはいるものの、信心の確立を極楽浄土の世界に「等しいもの」として受けとめていたようにも受け取れるのです。そうしてみますと、死後の問題を論ずる以前に、聖人は信心確立の境地を通じて仏教の核心に触れるような体験を経ていたのではないかと考えることも、可能になってくるはずです。

仏教において一番大切なことは、自らがその真理を体得する事実であると大拙氏は言っています。つまり、自身が仏の世界に触れるような体験を経ているかどうかが一番重要なことであって、その事実を説明する言葉はあとからついてくるといった意味に受け取ることができるでしょう。そして、それを踏まえてもう一度親鸞聖人の教えを振り返ってみますと、以下のような言葉が頭に浮かんできます。

「かたちもましまさぬやうをしらせんとて、はじめに弥陀仏とぞききならひて候ふ。弥陀仏は自然のやうをしらせん料なり。」（注四十八）

【訳文】

仏の世界が決まった形などないことを知らせるために、阿弥陀仏が存在するのだと聞いています。阿弥陀仏は自然のありのままの姿を知らせるために存在しているのです。

ここで親鸞聖人の述べている「自然のやう」というのは、単に自然環境といった意味ではなく、私たちをも含めたこの世のすべてがありのままに、一元的ともいえるようなはたらきの中で成り立っていることを意味します。このような境地は「自然法爾《じねんほうに》」と名付けられていますが、それは聖人が長い間他力信仰と向き合ってきた末にたどり着いた、最終的な信仰の形として受けとめることができるのです。

もし親鸞聖人が長い間他力とは何か、信心とは何かとその本質を追い求めていたのだとすれば、それはいまだ自力の余韻が残されていたと見ることもできるでしょう。そして、いつしかその信仰が自然法爾の境地にまで高まりをみせたのであれば、それは聖人が自我の殻を破り捨てて、お釈迦様のさとりにまでも通ずるような体験を経ていたことに他ならないのではないでしょうか。

そうしてみると、親鸞聖人が「真実信心」と名付けていたこの世での信心確立の境地と、大拙氏や西田氏の説いている宗教的な世界観とが、根本的な宗教体験の流れにおいて一致してくることにも気づかされるように思います。

誤解を恐れずに言えば、親鸞聖人の教えと両氏の思想との違いは、死後の世界を認めるか否かの違いだけのようにさえ感じますが、このような話は日本における仏教各派からすれば、教学を揺るがしてしまうとても大きな問題ともなりかねません。

しかし、嘘偽りなく仏の世界に触れられたのであれば、「信心が定まったので死んだのちの極楽往生までもが約束された」と言っても、「生きている内に極楽浄土の世界に触れることができた」と言っても、それはあくまで言葉上の相違であって、宗教体験そのものの問題とはならないように思うのです。そのように結論付けてみれば、大拙氏や西田氏の思想は決して親鸞聖人の教えと矛盾するものではなく、その教えを現代的に詳しく解釈していたのだと受けとめられるようになるでしょう。

正直に言いますと、私は現代における仏教界の中から信仰を得る道筋が見えてこないことに、疑問を感じてしまっています。もちろん親鸞聖人の残した言葉を尊重するのはとても大切なことですが、聖人の生きていた当時からは非常に長い年月が経過してしまっており、いくら教えの大切さを書物で理解できたとしても、その生きた意味や内容をつかむことが、非常に難しくなっていると受けとめざるを得ないようにも思うのです。

そして、教えが私たちの心にまで響かなくなってしまったとすれば、もう一度振り出しに戻って「本当の信仰とは何か」という根本的な問いに立ち返り、時代に即した言葉や表現によって、教えを見直してみる必要があるのではないでしょうか。

その観点から改めて大拙氏や西田氏の思想を見ていくと、私たちが生きた宗教、そして現代にまで通ずる浄土仏教を求めていく上で、とても大切な道筋が示されていたことに気づかされるようになるはずです。そして、その道を踏み外すことなく歩んでいけば、親鸞聖人の教えはこの時代においても再び生き生きと活動し始めるに違いありません。

他力とともに生きる

浄土の教えを大切にすることは、実際の生活場面において「他力」を大切にすることにもつながってくるように思います。そこで、他力という思想が私たちの日常生活でどのようなはたらきを持つものであるのか、もう少し詳しく踏み込んでみたいと思います。

実際のところ、現代のような人間中心、物質中心の社会においては信仰に触れる機会さえほとんどないため、他力の生活を送るといってもただそれだけでは、なかなか現実的に考えることは難しいように思います。

また、資本主義社会においては基本的にモノやお金を中心として世間が成り立つため、その中において自分の力を発揮せずに、一人風にまかせて仙人のように生きていくことなどできるはずはないとも考えられるでしょう。そうしてみると、他力という言葉自体がなにか雲の上をつかむようで、私たちが生きている世の中とは交渉がないようにさえ思えてきます。

ただ、ここで改めて考えてみたいのは、そもそもはっきりと自力、他力という「二つの概念」に当てはめていくことが正しいのかどうか、という点でしょう。自力といえば自分の力、他力といえば仏の力とはっきり分けてしまえば、他力とは何か自分とは別の場所から加わってくる、物理的な力のようにさえ受け取られかねません。

しかし、他力が私たちの理解を超えた先のはたらきかけであるとすれば、これが自力でこれが他力、といった明確な区分けをすること自体が無意味なことであると受けとめておく必要がありそうです。

ここで、大拙氏の著作中にみられる引用文をご紹介したいと思います。

「たりきたりきとおもうていたが　おもうたこころがみなじりき」（注四十九）

【訳文】

他力他力と思っていましたが、そのように思うこと自体がすでに自力でありました。

この言葉は明治時代の信心深い一般の方が述べたものですが、ここでは本来の自力と他力との関係性が見事に表現されているように感じます。要するに、本当の他力というものがとらわれの先に感じられるものだとすれば、私たちの対象的な見方を超えたところ、つまり自力や他力といった二つの概念さえも超えたところからの、いわゆる「絶対他力」とも呼ぶべきはたらきかけが存在せねばならないことになるわけです。

では、私たちは日々の生活でそのような絶対他力とどのように関係していると考えたらよいのでしょうか。

ここで、私たちの人生を「振り子」に例えてみたいと思います。

誰であっても、人生の振り子は右に振れたり左に振れたり、一時も落ち着くことなく揺れ動いていることと思います。そのときに振り子の「支点」が自力になっているか、もしくは仏のはたらきかけに変化しているかによって、その生き方にとても大きな変化が生じてくるように思うのです。

振り子の支点が自力であっても、もしくは仏のはたらきかけであっても、私たちの生活自体には何ら変化などないはずです。なぜならば、悩みや困難に直面することは人間である限り避けて通ることのできない、当たり前の事実と思われるからです。

そして、そのような問題と向き合う際にもし振り子の支点が自力である場合、私たちはそれを自らの力で乗り越えようとしたり、もしくは他者と協力して何とか乗り越えようと考え抜いたりするでしょう。

もちろん、そのような姿勢自体が悪いわけではありませんが、しかし人間の力だけを頼りに物事を解決しようとする自力の姿勢は、結果的に白か黒か、つまり成功か失敗かの二者択一になってしまうのではないかとも思います。それでうまく成功している間は満足できるのかもしれませんが、もし乗り越えられないほど大きな壁に直面したときに答えが黒でしかなかったとすれば、それほどつらい状況はないように思うのです。

一方で、もし振り子の支点が仏のはたらきかけに変化している場合、最終的な解答が白黒どちらに転んだとしても、結局は納得のいく状況が生まれてくるのではないでしょうか。

なぜならば、仏というものは物質的な豊かさを与えてくれることはありませんが、私たちの弱さや愚かさをもすべて見通した上で、決して見捨てようとはせずにはたらきかけている存在であるからです。

そうしてみると、一度でも自己と向き合い、不可思議な存在に身をまかせることのできた人、すなわち振り子の支点が仏の側に変化している人というのは、その後の人生で困難に直面したとき、無意識ではあるのかもしれませんが、とても大きな支えを得ていることになるはずです。

こうした例を踏まえてみますと、他力の思想とは非常に複雑化した現代社会においてこそ、最も必要とされている教えといえるようにも思います。

期待される東洋

広い視野をもって世の中を眺めると、思想傾向の違いによって「西洋型」と「東洋型」との二つに大きく分けられるのではないかと、大拙氏は指摘しています。それはつまり、それぞれの地域に根付いてきた文化や宗教によって、考え方の型のようなものが見られるのではないかといった意味になりますが、この話は現代の私たちにとっても決して無意味なものではないように感じられるため、ここで取りあげておきたいと思います。

大拙氏は東洋、すなわちインドや中国、そして日本などのアジアやその周辺地域に住む人々の特徴について、「二つに分かれる以前を見る」ことであると言っています。それは要するに、自身と周囲の事象とを分け隔てなく受けとめることであり、氏自身の言葉で表せば、霊性的なものを背景に持つ見方といえるように思います。

この見方に関しては、日本古来の神道が自然崇拝を重んじたことからもよく分かりますし、今までも述べてきた通り、インドから伝来してきた仏教はこの地に根付き、そしてたくさんの仏教者がその教えを広く発展させてきました。また、それに伴って素晴らしい文化や芸術が育まれてきたことからも、この日本という国に東洋型の思想が深く根付いてきたことをうかがい知ることができるでしょう。

しかしその反面、東洋的なあり方についてはその見るべきところが様々な方向に向かいやすいことも指摘できるのだといいます。

例えば具体的なものとしては、感情の流されるままに物事を進めてしまったり、自身の意見を持たず他者に追従してしまう姿勢などが挙げられるように思います。冷静な判断力を欠き、単に感情論で推し進めてしまうような姿勢からは東洋的なあり方の欠点が感じられるため、その点は大いに注意しなければならないと大拙氏は指摘しています。

またもう一方のあり方、すなわちヨーロッパ諸国やアメリカなどを中心とした、西洋にルーツを持つ人々の特徴については、「二つに分かれたところを見る」ことであると言っています。それはつまり自分という存在をまず中心に据えて、そこからすべてを把握しようとする知性的な見方であるといってもよいでしょう。

西洋では古くからキリスト教が信仰の中心となっていますが、そのキリスト教における神と人間との関係、人間が絶対者の神に従うことで救いを得るという、二分性を帯びた関係性が人々の心に深く根付いてきたため、その特徴が強く表れているのだと大拙氏は受けとめていたようです。

もちろんこれらは大きな視点から見たものであって、個々のすべてに当てはまることでないのは言うまでもありません。しかし、歴史的な背景を踏まえながら改めて世の中を見渡してみると、無意識的ではあっても確かに思想傾向の違いは感じられるような気がします。

「二分性が全部よいとか悪いとかいうのでは、もちろんない。東洋としては二分性の徹底を学ばなくてはならぬ。これを顧みないで、東洋主義とか愛国心とか何とかいうもので騒ぎ立つべきでないことは、いまさらいうまでもない。」（注五十）

【訳文】

知性的なものの見方が、良いとか悪いとかいうわけではありません。東洋の人々はそのような見方をしっかりと学ばなければならないでしょう。それをしないままで、東洋主義とか愛国心とかいって騒ぎ立てるべきでないことは、いまさら言うまでもないことです。

先にも触れましたが、ここでは東洋思想が間違った方向へと向かってしまう危険性について述べられています。大拙氏の生きた明治から昭和にかけては、日本がまさに戦争の最中にあった時代であり、国民の多くが愛国主義という名のもとに煽動されていった事実を目の当たりにしたことから、特に感ずるものが大きかったのかもしれません。そのような点については西洋的な見方を大いに学び、改善していくべきと考えられるでしょう。

しかしその反面、西洋的な分別思考のみで世界を作り上げることがすべて正しいと考えてしまうことにも、大きな危険性が潜んでいると氏は言います。なぜならば、二分性をもとに作られていく世界ではどうしても「人間中心主義」に陥らざるを得ないからです。

「今後に出来あがるべき世界文化なるものの完全性は、二分性だけでは、どうしても獲らるべきでない、と主張するのである。東洋的考え方、感じ方（それは無意識であっても、

何でもかまわない)、それをもり立てることによって、二分性文化の不備を補足していかなければならぬのだ。」(注五十二)

【訳文】

今後に出来てこなければならない世界文化の完成は、知性的な見方だけではどうしても成し遂げられないと思うのです。たとえ無意識的であるにしても、東洋的な見方、すなわち霊性的な見方を取りあげていくことで、西洋文化の不足している部分を補っていかなければならないのです。

人間の生活を豊かにするためには、西洋的なあり方が非常に大切であることを認めつつも、世の中をどこまでも分別思考、すなわち科学技術や経済の発展のみで推し進めてしまうと、必ずどこかで行き詰まりが生ずるのではないかというのです。

また、この日本を振り返ってみても、特に戦後などはアメリカからの影響を受けて、ひたすら西洋的な分別思考によって突き進んでいるように感じます。もちろんそのような流れは世界的な傾向であり、また先にも述べたように、物事を知性的にとらえていくあり方は私たちにとって非常に学ぶべき点が多かったこと、そしてこれからも学ぶべき点があることは確かです。

しかし、一方でただ前だけを向いて西洋に追従してきたことにより、いつしか私たちの祖先が古来大切にしてきた東洋的なあり方がほとんど顧みられなくなってしまったのも、また否定できない事実といえるでしょう。

西洋諸国における考え方の根底には、宗教的な背景をもとに発展してきた長い歴史があります。そして私たち東洋の国々にも、それとは異なった思想が古くから根付いてきていたはずなのです。その思想は決して近代化の波にのまれてお払い箱になるようなものではなく、西洋的なあり方と向き合い、お互いを高めていくことのできる重要な思想であったはずなのだと、大拙氏は考えていました。

「西洋型を根柢において、それから何かということになると、われわれ東洋人として、世界文化の上に貢献のしようがない。西洋型について行くところはついて行くが、自分らは、独立の地歩に立っていることを忘れてはならぬ。」（注五十二）

【訳文】

西洋的なあり方をもとにしてしまうと、私たち東洋人にとって、自分たちの特色を世界文化に役立てようがありません。西洋について行くところはついて行くものの、私たちは東洋的なあり方に基づいていることを忘れてはならないのです。

東洋的な思想を根底にしたあり方においては、二元的ではなく一元的ともいえるような立場から世の中に処していくことになります。そのような視点に立てば、当然人間を中心とした見方も薄らいでいくことが想像できるでしょう。本来の東洋的なあり方とは他者を尊重するのみならず、動植物や自然の景観に対しても親しみを抱くような感情を、持ち合わせていたのではないでしょうか。

そして、今後の世界に最も必要とされるのも、そのような東洋型の視点であると大拙氏は言います。

例えば、長い間緊張が続いているアメリカと中東諸国との関係などを見ていると、お互いに主張を譲ることができずに、対立は平行線のままです。二分性を基にしたもの同士の対立は、お互い引くことを知らずに果てしないせめぎあいが続いてしまうことは、大拙氏のおよそ予見していたとおりといえるでしょう。また、近年は東洋思想が根付いていたはずの中国やインドなどにおいても本来の姿が影を潜め、西洋的なあり方に追従する姿勢を強くしているようです。

二元論による対立に二元論をもってしては、根本的解決の糸口は見えてきません。善悪をも包み込んでしまう、対立を超えた境地から対立を見ることのできる本来の東洋的な姿勢は、今日のような社会情勢の中においてこそ、最も大きな力を発揮しうるものであると大拙氏は考えていたのです。

妙好人《みょうこうにん》と呼ばれた人々

「妙好人」という言葉は、江戸時代後期に浄土真宗の僧侶である「仰誓《ごうせい》」という人物が、著書である「妙好人伝」の中において、信仰の厚い方々の言動を取りあげて紹介したことに由来しています。そして、その後大拙氏がその言動に着目し、世界に向けて発表された著作内でも取りあげているのですが、その方々の信仰が今まで述べてきたような仏教のあり方と見事に一致しているように感じられるのです。

そこで、その方々の言動のいくつかをここでもご紹介してみたいと思います。まずは「因幡の源左《げんざ》さん」という方についての話になります。

源左さんの有名なエピソードには、信心を得たときの話があります。ある日可愛がっていた牛の背中に草を背負ってもらったとき、ふいっと気持ちが楽になり、それ以降阿弥陀如来への信仰心が確立してしまったというのです。

確かにこの部分だけ聞いても何のことだかさっぱりわかりませんが、その実情として、源左さんはずっと以前から浄土真宗の教えと真剣に向き合い、よくお寺に法話を聞きに行っていたそうです。つまり、阿弥陀如来とは何か、念仏だけで救われる教えとは何かと、常日頃から自問自答していたのではないかと想像できるでしょう。そのような中、ある日牛に草を背負ってもらう何気ない動作からふっと気づかされるものがあったのではないでしょうか。この瞬間に、源左さんは本心から自力を手離し、他力に帰することができたのだと思われます。

そして、それ以降源左さんは『**こっちゃ死にさえすりゃええだ。助ける助けんは親さん（阿弥陀如来）の仕事だけのう**』などといったような、他力の極致ともいえる言動を数多く残していくことになるのです。

また、二人目は島根の「浅原才市《さいち》さん」についてです。才市さんは両親の影響もあって、二十歳前後の頃から浄土真宗の教えに触れる機会が多かったようです。若い頃には一時仏教から離れる時期もあったようですが、仕事の合間にお寺での法話を聞きに行ったり、また三十代半ばで百寺以上の旧跡巡礼（浄土真宗ゆかりのお寺を巡ること）を行うなど、生涯を通じて浄土真宗の教えを求める道を歩んでいくことになります。

才市さんは常日頃大切にしていた自宅の仏壇を閉じ、くぎを打ち付けたことがあったそうです。この一つの逸話からも、才市さんがとても真剣に浄土の教えと向き合っていたことが分かるように思います。しかし、仏壇の中に鎮座する仏像からの救いを願っていても、本当の信心を得ることは一筋縄にはいかず、最終的には自身の内から答えを見出していったことなどが想像されます。

また、才市さんは今でいう学習ノートのようなものに、自らの心に浮かんだ信仰の境地を書き付けていましたが、特に信心を確立したと思われる五十代頃から最晩年に至るまでの内容には、深い信仰の境地が見事に表現されており、大拙氏はその言葉に感銘を受けて、自身の著作内で何度も才市さんを紹介していったのです。

例えば日記帳の言葉には『**しゃば（この世）でたのしむ　ごくらくせかい　ここが浄土に　なるぞうれしや　なむあみだぶつ**』というものがあり、この言葉一つ取っても、才市さんはこの世で阿弥陀如来の救いを実感できる境地にいたことがよく分かるように思います。

そして、最後は「讃岐の庄松《しょうま》さん」についても触れておきたいと思います。

庄松さんは農家の出身であり、日雇いのような仕事をしてきた方ですが、その言動の数々からは見事な信仰の境地を見て取ることができるのです。

例えば、まきがなくて困っている人に対して『**まきがなけりゃ仏壇へ行って取って来い**』などと一見とんでもないことを言っていますが、これは阿弥陀如来を頼みとすれば、私たちが困っているすべてについて身をささげて助けてくれること、また仏壇という「物」を敬うよりも、自身のなかに阿弥陀如来の救いを感じとる方が大切であることを、無意識にでも感じ取っていたからこその言動であると思います。

また、庄松さんはお寺の住職に小言を言ったときの理由について、『**あなたは法をやせかして我身を太らせているから言うたのじゃ。今日の説教などは一言もこの私には徹しなんだ**』などと、歯に衣着せぬ発言をしていますが、地位や立場などにとらわれず、自らの率直な信仰心を貫き通していた庄松さんならではの言葉ではないかという気がします。この住職はその後庄松さんに感心することとなりますが、本当の信心をいただいた庄松さんからすれば、中身の伴わない説法は無意味なものに感じられたのも、無理はないのかもしれません。

確かに妙好人の方々は、一見すると何だかよくわからない、少し変わった人たちと受け取られてしまう面もあるように思います。しかし、その実情は私たちと何も変わることなどなく、それぞれが人生の困難に直面したことをきっかけとして、真剣に浄土の教えと向き合い、そしていつしか救いを実感するまでに至った尊ぶべき人たちといってよいでしょう。

また、そのような社会的立場や境遇に恵まれていたとは言い難い人たちが、厳しい生活を送りながらもいつしか信仰の極意にまで達することができたという事実は、私たちが仏教を求める上でも励まされる点が多いのではないかと思います。

第五章　生きた仏教を求めて

出家の意味とは

ここからは仏教との具体的な向き合い方について、私なりの意見を交えながら考えてみたいと思いますが、まずは仏教を語るうえで欠かすことのできない「出家」の意味について考え直してみましょう。

世間一般的に出家といえば、頭を剃り、お寺に入って修行をするといったイメージを思い浮かべる方が多いように思われます。

しかし、現代の日本における出家というものは、お寺に所属して修行を始める前の「得度」といわれる段階から、その後一定期間の修行を経て「住職」となっていくことまで幅広い意味を含んでおり、また出家という形が出来あがってきた由来に関しても、それぞれの宗派によって大きな違いが見られるようです。

例えば、禅宗の出家といえば厳しい修行のイメージが浮かんできますが、現在のような修行の形が出来あがったそもそもの始まりは、西暦八百年頃に中国の「百丈懐海《ひゃくじょうえかい》」という人物が、それまでお布施だけに頼っていた僧侶の生活を見直したことがきっかけとなっています。

『一日作さざれば、一日食らわず』という教訓のもとに、僧侶の内で自給自足の生活を始めるようになるのですが、その生活様式が禅宗の修行形態に移行して、それが中国に渡って禅宗を学んだ日本の僧侶にも引き継がれていくことになったのです。

また、この本で主に取りあげてきました親鸞聖人の教え、すなわち浄土真宗の出家をさかのぼってみますと、聖人自身は九歳で僧侶となった後、比叡山において二十年もの間厳しい修行を経験していますが、他力の信心を第一とするようになってからは、周りの人々に対して決して修行のようなものを要求することはありませんでした。すべては阿弥陀如来からのはたらきかけであるため、私たちはただそれを信じて念仏を称えるだけでよいと説いていたのです。

親鸞聖人は私たち一般民衆と同じ目線に立って信仰と向き合い、「在家」や「出家」といった立場の違いを、全くと言ってよいほど気にかけてはいませんでした。

しかし、聖人亡きあとそのお墓を守っていくなかで、親族の内から「留守職《るすしき》」と呼ばれる役職が生まれ、その役職が次第に発展して僧侶の形になっていったというのが、現在主流をなす浄土真宗教団の由来となっているのです。

このような二つの例を考えても、それぞれの宗派によって出家本来の意味が大きく異なっていたことが、よくお分かりいただけるのではないかと思います。

また、現代の出家を考える上で欠かせない出来事として、江戸時代に徳川幕府によって作られた「檀家制度」を挙げておく必要もあるでしょう。

檀家制度以前の出家は教えを広めていくこと自体に主眼を置き、その対価としてお布施をもらうこと、もしくは先に述べた禅宗のように自給自足によって生活していくことが、その活動の中心となっていました。つまり、純粋に仏道を求めていくことの意味合いがとても大きかったように思われます。

しかし、檀家制度以後はお寺が地域の檀家を自動的に確保したことで、必然的にお布施による収入も保証されることとなり、その結果お寺は戸籍を管理したり、葬儀や法要を執り行ったりする公共団体のような役割を主とするようになっていくのです。そしてその檀家制度は、種々変化しつつも基本的には現在にまで存続しているというのが、日本仏教の現状と考えてよいでしょう。

さらに、出家を語る上でもう一つ触れておかねばならないのは、お寺の住職がほぼ「世襲制」となっていることです。つまり、檀家制度をになうお寺は代々親から子へと引き継がれていくことが基本となっており、お寺を任されていくべき人は仏道に目覚めるというよりも、あらかじめコースが決められているような仕組みになっているのです。もちろん、実家がお寺であるがために仏教に興味を抱く方も多いとは思いますが、それ以上に形式的なものを受け継いでいく意味合いが強くなっていることは、否定できない事実といえそうです。

では、そのような状況を踏まえつつ、現代の私たちは出家の意味をどのように受けとめたらよいのでしょうか。

率直な意見を言わせていただけば、現代の出家は檀家制度の影響もあり、単純に信仰心だけを追い求めていればよいわけではなく、葬儀や法要の執り行い、お寺を管理するための方法、そしてお経の読み方など、様々な知識を身に付ける必要があるように感じられます。

確かに檀家制度の仕組みを考えれば、そのような役割も決しておろそかにするべきではないのかもしれません。

しかし、一方で仏教本来の信仰心を追い求める姿勢が出家の場所に見られるのかどうかという疑問は、檀家制度が始まってから現在にいたるまで、長きにわたっての大きな問題となっているようにも感じられます。

また、仏教に関心を持つ私たちの側にも、気を付けておかねばならない点があるように思います。仏道を求めるために出家して僧侶になりたいと願う気持ちは、もちろん否定すべきではないのですが、しかし出家の意味内容が多様となっている現代においては、出家を望む動機というものを一度でも自問してみる必要があるでしょう。

もしもどこかで、出家をある種のステータスとして考えている側面があるとすれば、知らず知らずのうち、社会的立場を得ることがその目的となっている可能性さえ否定できないからです。

仏教に関心を持つことは「初発心《しょほっしん》」ともいわれ、非常に尊ぶべきものとされています。私たちはまず何よりもその気持ち自体を大切にするべきであり、立場にこだわるあまり仏教本来の姿を見失ってしまうことのないように、気をつけたいものです。

そもそも現在日本に伝わる大乗仏教というのは、私たちのような修行も満足にできない一般の者が救われる道を示すために成立したものであり、そして「鎌倉仏教」と呼ばれる時代の祖師方、すなわち法然上人や親鸞聖人、日蓮聖人や道元禅師などは、それまで一般民衆にまで届いていなかった仏教の教えを、私たちの手元にまで広げてくれました。

　そうしてみますと、現代のような状況下においてはあえて出家という形にこだわらなくとも、社会生活の中で真剣に仏教と向き合っていく姿勢こそが祖師方の教えにかなうことであり、とても重要な視点といえるように思います。それはつまり、避けて通ることのできない日々の悩みや困難をバネにして、仏道を深めていくことが大切であるとも言い換えられるでしょう。

　では、私たちはどのような方法によって、日々の生活に仏教を取り入れていったらよいのでしょうか。その点について、禅の教えと浄土仏教とを例に挙げながら、もう少し詳しく話を進めてみようと思います。

禅の実践

　禅の内容を語る前にまずことわっておきたいのは、私自身が禅の真理をつかんでいるわけではないということです。自身が体験していないことを書くのにはためらいもありますが、大拙氏や西田氏の思想は宗派を超えた真理について語られており、浄土仏教を主とする私にも相通ずるものがあると感じられるため、ここでは私なりの視点から意見を述べさせていただければと思います。

禅の教えといえば、日本には臨済宗や曹洞宗といった有名な宗派が存在しますが、やはりその教えの中心は「座禅」にあるといってよいでしょう。座禅と聞けば、出家をしてお寺に入った後の厳しい修行をイメージする方も多いように思いますが、現在の日本ではあえて出家の道を選択せずとも、様々なお寺で座禅修行を実践できる仕組みが存在しています。

例えば決められた日時の座禅会や、数日間お寺に寝泊まりする合宿のような形での座禅会、そしてさらに志がある人には、それ以上の一定期間受け入れてくれるお寺もあるはずです。また、そのような場に参加して座り方を学ぶことで、好きなときに自宅で座禅が組めるようにもなってくるでしょう。

確かに出家をしてお寺に所属すれば、指導してくれる師匠がおり、座禅や日々の修行に取り組む時間は圧倒的に多くなるように思います。しかしながら、今述べたようなお寺の資源を活用することで、日常生活を営みながらでも座禅を取り入れた生活を送ることは、十分可能なのです。

また、大拙氏や西田氏も在家の修行者、すなわち居士として禅の教えと向き合い、そして先に述べてきたような深い宗教観を得るまでに至ったことを考えれば、とても勇気づけられるように思います。

しかしその反面、座禅と向き合うための動機が正しい方向に向いていないと、それは本当の意味での仏道を歩むことにはならないのかもしれません。

例えば、忙しい生活から抜け出て落ち着きを得たいと願ったり、それによって社内の新しいアイデアを生むきっかけにしたいと考えるなど、社会生活に役立てることを目的として座禅に取り組むことは決して否定すべきではないのですが、その目的は禅本来の姿とは異なることに配慮しておく必要があるでしょう。なぜならば、そのような姿勢は自身と向き合うというよりも、社会生活に役立てるための手段として、禅を利用していることになってしまうからです。

また、座禅に慣れてくると知らず知らずのうち独善的になってしまう傾向があることにも気を付けておく必要があります。私自身も、少し座禅をしただけで何か他の人よりも落ち着きを得たような、いわば偉くなったような気持ちになってしまうことがありましたが、そのような気持ちはもちろん禅の真理などではなく、執着を離れるべきものが、逆に自分への執着を増してしまっていると考えてもよいのではないかと思います。

しかしこのように見てくると、私たちは禅の教えを学ぶ以前に、その本来の意味を知ることさえ難しく感じられてしまうでしょう。

確かに禅の教えは「不立文字《ふりゅうもんじ》」とも言われるように、言葉を使って説明できるものではないと伝えられてきた歴史があります。それはおそらく、いくら言葉によって知性的に説明したところで、知性を離れた先にある禅の真理は説明のしようがないこと、またその真理は言葉によって教えてもらうようなものではなく、最終的には自らが体得しなければならない事実を言っているのだと思われます。

しかし、そうは言ってももう少し具体的な説明がないと、なかなか初めの一歩さえも踏み出すことができません。そこで、日本の生んだ偉大な禅僧である道元《どうげん》禅師と白隠《はくいん》禅師の言葉を手掛かりにして、もう少し具体的な禅の姿を探ってみたいと思います。

「仏道をならふといふは、自己をならふ也。自己をならふといふは、自己をわするるなり。自己をわするるといふは、万法に証せらるるなり。」（注五十三）

これは曹洞宗の開祖である道元禅師の言葉になりますが、ここでは非常に大切な禅の真理が説かれています。

道元禅師の言っている「自己をならう」というのは、単に学問をするといった意味ではなく、「自身の存在自体と向き合う」こととして受けとめられるのです。

私たちは自分の存在と真正面から向き合えば、最終的にはそれがいかに不確実なものであるのかを感じずにはいられなくなるのだと思います。お金がたくさんあって病気にもならず幸せに暮らしていても、自然災害や事故などはこの存在をあっという間に消し去ってしまいます。そのような事実を振り返ってみても、この世で確実に保証されていることなど、何一つないと考えざるを得ないのではないでしょうか。

そして、私たちの存在が不確かであれば、そこから救われる道はその存在自体への執着を離れるほかないという結論へと導かれることになるはずです。

道元禅師の言う「自己を忘れる」こと、すなわち自身が抱えているとらわれや執着を離れていくことこそが、禅の教えにおいては何よりも重要な姿勢であり、そしてその先は何もない空っぽの世界などではなく、すべてが仏のはたらきであったと実感されるような世界、禅の言葉で言えば見性の境地へと導かれていくことになるのです。

また、江戸時代中期に活躍した臨済宗中興の祖とされる白隠禅師は、有名な「公案《こうあん》」というものを考え出しました。

公案とはさとりを得るためにひたすら考え抜く問題のようなものですが、白隠禅師は「隻《せき》手音声《しゅおんじょう》」という公案を考え出し、それによって数多くの弟子を導いていったのです。この隻手音声は「片手で手をたたいた時の音を聞いてみなさい」といった意味になるのですが、普通に考えれば片手で手をたたいても音など出るはずはなく、理解に苦しむ問題となるはずです。

しかし、白隠禅師が弟子たちにこの問題を与えた本当の理由は「人間中心の分別的な立場を離れ、その先に見えてくるはずの境地から受けとめてみなさい」といった意味になるのだと考えられます。

禅の教え、特に臨済宗ではこのような公案をきっかけにしてさとりの境地へ導こうとしていくのですが、ひたすらその理解不能な問題と向き合い、言葉へのとらわれを離れて「その問いと自身とが一つになるような体験」をしたときに、突然ひらめきといえるような意識の変化が見られるともいわれています。

そのような、ハッと気づかされるような体験を経たときに、その体験後の境地から改めて公案に向き合ってみると、「片手」にこだわり、また「音」にこだわっていた自分に気づかされることとなるのです。要するに、公案とは自我を主とする立場からではどうしてもたどり着けない境地が存在することを、問いを与えることで気づかせようとしているといってよいのかもしれません。

こうしてみますと、禅本来の姿とは仏教の核心に触れることであり、それは今まで述べてきました大拙氏や西田氏の思想にも相通ずるものといえそうですが、両氏はそれをさとりの段階で留めてしまってはならないとも考えていました。つまり、座禅修行によってその真理に触れられたとしても、その満足だけで禅の役割が終わってしまうわけではなく、その体験を世の中に展開していかねばならないことになるのです。

仏教には「智慧」と「慈悲」という、お互いに関連し合った二つの言葉が存在しています。智慧が体得できた者にとって、慈悲は自然に身についているものともいえますが、例えば智慧がさとりであるとすれば、慈悲はその教えを展開していくことといえるように思います。

その展開についてもう少し具体的に言いますと、例えば僧侶の方であれば、弟子や世間の人々を自らが体験した境地へと導いていくことが挙げられますし、また一般の者からすれば、自己中心的な視点を離れた立場からこの現代社会を見つめ、様々な社会問題に処していくことと受けとめることができるでしょう。

そして、教えを広く展開していこうと考えるこのような慈悲の姿勢こそが、禅に限らずこの日本に伝わってきた大乗仏教の根本精神ともなっているのです。

浄土と向き合う

また、この本で中心的に述べてきました浄土仏教についても、日々の生活でどのように向き合っていけばよいのか、私なりに結論付けてみたいと思います。

今までの内容からもお分かりいただけるように、浄土仏教は非常にとらえにくい「解釈」の問題を多く含んでいるように見受けられます。つまり、私たちがその教えをどうとらえるのかによって、信仰の中身までもが大きく変わりかねないという意味になりますが、例えば具体的に言いますと、念仏の意味や称える数の問題、また信心をどう受けとめるのかといったものを挙げることができるでしょう。

このような問題はもちろんおろそかにすべきではありませんが、一方で私たちは「言葉」というものに振り回されてしまうことで、一番大切な教えの本質を見失うことのないように気を付けたいものです。

そこで、ここでは言葉の解釈についてはあまり深く考えず、少し見方を変えて浄土の救いを私たち自身の「外」に求めるのか、あるいは「内」に求めるのかといった、信仰への向き合い方に焦点を当ててみたいと思います。

まずは救いを私たちの外に求めていくあり方ですが、それは浄土の世界を対象的に受けとめていく向き合い方となります。もう少し具体的に言いますと、阿弥陀如来を私たちとは別の特別な存在として崇めたり、もしくは西の彼方に極楽浄土の世界が存在し、私たちが死んだのちにはそこに迎えられると考えることについても、浄土の世界を私たちの外に位置付けているといってよいでしょう。

このようなあり方は、科学の発達していなかった時代においてはとても重要な役割を果たしてきたはずですが、それを現代に当てはめてみますと、大きな矛盾を引き起こしているようにも感じられます。それは率直に言えば、この時代に阿弥陀如来や極楽浄土が本当に存在すると心の底から信じられるのかどうかという点に尽きますが、私たちが外に救いを求めていくあり方は、この点において大きな行き詰まりを生じていると受けとめざるを得ないのかもしれません。

また、一方で私たちの内に救いを求めていくあり方ですが、信心とは何か、ただの一回称えるだけで救われる念仏とは何かと、自己の内に向けて答えを問うことであり、救われている自覚を追い求めていくものといえるように思います。

浄土仏教といえば、一般的には努力を要しない易しい教えとされていますが、このあり方からすれば「救いを探し求めるための努力」に関しては、救いを自覚するまでの過程においても、とても重要なこととして受けとめられるようにもなってきます。

例えばその点について、大拙氏は以下のように述べています。

「如来の御苦労を本当に有難いと思うには、自分が余程苦労をしてみぬとわからぬ。自力でない、他力だといっても、自力を尽さぬ限りは、自力も他力もわからぬ。ああ他力とわかる時、始めて自力ではないということがわかるのだ。それをいい加減に、皆任しておけばいいのだと、自分勝手な振舞いをしようなどといっていれば、そこに山ほどの自力が残っている。この自力を尽すということが大事なことなので、単に他力に任せるというようなわけには行かないのだ。」（注五十四）

ここでは、「本当の他力とは自力を尽くしてみなければわからない」と述べられています。

つまり、自分の力ではどうしても及ばないことがあると気づくためには、私たち自身が様々な悩みや困難と真正面から向き合ってみなければならないという意味にもなるでしょう。そして、もし私たちが自らの限界を感じ、自我にとらわれた心から離れていくことさえできれば、それと同時に今までどうしても分からなかった他力、すなわち阿弥陀如来の救いと呼ぶべきものが、おのずと自覚されていくことになるのです。

ただ、実際のところは外や内といった向き合い方がはっきり分かれているというよりも、双方が複雑に入り混じっているのが実情であるように思われます。

例えば先に述べた妙好人の方々にとって、阿弥陀如来や極楽浄土とは真実の存在であったはずですが、それと同時にこれらの方々には必死に救いを求めていく内向きの姿勢が顕著に表れていました。そしてその姿勢があったからこそ、最終的には深い信仰心にまで達することができたように思われるのです。そうしてみると、このような問題は一様に線引きできるものではなく、どちらに比重を置くかといった程度の問題と考えておく必要もありそうです。

また、さらにもう一つ触れておかねばならないのは、自身の内に救いを求めていくあり方がとてもけわしい道のりであるということです。なぜならば、その道のりには座禅や公案のような決められた仕組みが存在するわけでもなく、さらに現代においてはそのような境地を誰かに認めてもらえるようなこともないのです。

自力を尽くした先に阿弥陀如来の救いを感じられるのだと言われても、どこをどう歩んでいけばよいのかさっぱり分からないというのが、正直なところではないでしょうか。

ただ、一方で強調しておきたいのは、自身の内に救いを求める気持ちが生じること自体に意義があるのではないか、ということです。大拙氏は、世の中を苦しみと感じられることは、苦しみのない世界をどこかで見ていなければ出てこない感情であると言いました。また、華厳経の中には「初発心時便成正覚」という有名な言葉があり、「はじめて仏道を求める心が起こったとき、もうそこにはさとりが含まれている」といった意味に受け取ることができるのです。

このような点からも、私たちは本心から救いを求めるようになった事実そのものを大切にするべきであり、浄土の教えとはこんなものだと安易に妥協しない姿勢がとても大切ではないかと思います。

あくまでも推測ですが、私たちが自覚する浄土の救いとは、禅の教えにおけるハッと気づかされるような意識の変化を体験するというよりも、自身の内に救いを求め、とらわれを離れていく中で次第に心に変化が生じ、あるときふと救われていることの意味に気づかされるような、私たちにとって非常に「とらえにくい教え」といってもよいような気がします。

妙好人の源左さんは、牛の背中に草を背負ってもらったときにふいっと気持ちが楽になったと言いました。このような何気ない一瞬に他力の救いを感じることもあれば、それは求め続けてもなかなか姿を現すことがなく、ともすれば私たちが息を引き取る間際、すべてを諦めた一瞬に訪れることさえあり得るでしょう。

結局のところ、いつ何時救いの自覚が訪れるのかは、私たちの知性では分かりようもありませんが、救いを心からありがたいと感じられたときには、結局ありのままの自分で何の不足もなかったのだと気づかされることにもなるはずです。

ここまでは主に教えとの向き合い方について述べてきましたので、ここからは個人的ではありますが、私なりの小さな実践をご紹介してみたいと思います。

浄土仏教に関心があって、お寺へ法話を聞きに行きたいと思っても、なかなか足を運ぶ機会がなかったり、行ってみても結局自分の居場所ではないと感じられてしまうこともあるように思います。そのような場合には、例えば部屋に小さな阿弥陀如来の仏像を置いてみたり、もしくは仏のお姿や名号の書かれた掛け軸などを置いてみるのもよいのではないでしょうか。

最近は様々な手段で好みのものを入手できますし、仏壇用の小さなものを自分用にしてしまっても構わないように思います。そして、その仏像や掛け軸に向かって、気の向いたときにでも手を合わせて念仏を称えてみるのです。声に出してナムアミダブツと言えないのであれば、せめて心の中で念じるだけでもよいでしょう。

私は大勢のなかでお経や念仏を称えるよりも、誰も見ていない空間で仏と向き合う時の方が、よりしっかりと自身の内に向き合うことのできる、大切な時間であるように感じられます。はじめは形だけでも大切にしておけば、いつしか肝心なときに仏像などに頼らなくとも、そのありがたみを実感できるときが来るのではないかと思うのです。

また、これは浄土仏教に限ったことでもないのですが、少し時間や金銭に余裕があれば、できるだけ一人でお寺参りに行ってみるのもお勧めしたいと思います。

なぜあえて一人なのかと言いますと、誰かと共に出かけるとどうしても観光気分が出てきてしまうからです。また、何人かで一緒にいれば気を遣うことにもなり、自身と向き合うよりも、他者と向き合うことになってしまうでしょう。一人で出かけることで自己を見つめることができ、日頃気づかなかったことや、こだわっていたことに対する別の見方が生まれてくるようにも思うのです。

有名な観光寺院ですと、多くの人々で賑わっているためになかなかゆっくりできないかもしれませんが、少し遠出をして地方に足を運んでみれば、国宝級の由緒ある寺院でもゆっくりと見て回ることができるはずです。お寺参りの目的をお願いごとの成就ではなく、日頃の執着にまみれた生活を見直すきっかけにできれば、お寺に対する見方も変わってくるのではないかという気がします。

このような実践はそれぞれの好みや考え方、また社会状況などもありますし、信心を得るために実践が必要であるとも思いませんが、自分の気持ちに合わせていろいろ柔軟に対応してみて欲しいと思います。

また、ここでは禅の教えと浄土仏教についてのみ述べてきましたが、どのような教えを選ぶのかも、それぞれの個人によるのかもしれません。もちろん檀那寺の宗派にこだわる必要などは、全くないといってよいでしょう。死んだ後に入るお墓と、この世で支えにしていく教えとは全く別物だからです。

例えば、何事も論理的に考えがちな人には禅の教えが向いているのかもしれませんし、私などは禅の教えにも興味はありましたが、失敗の多い人生や感情に流されやすい性格などから、自然と浄土仏教の方に気持ちが傾いていったように思います。

気づきの宗教

そして、最後にもう少しお話ししておきたいことがあります。

私たちは日々の生活で他者と支え合って生きており、悩み苦しみを共有することによってその負担を軽くしていることも多いでしょう。それは人間同士が共存する社会においては当たり前のことであり、あえて否定するつもりはありません。

しかしながら、「宗教的な立場」においては、自身の問題に対する最終的な解決を他者に頼らないという姿勢も、大切なのではないかと思います。

自分を棚に上げて言わせてもらいますと、私たちは他者と悩み苦しみを慰め合ったり、共有することはできても、そのことで問題を表面上でとどめてしまったり、どこかで自分を納得させるようなごまかしが生まれてしまう場合もあるように感じられるのです。そして、どこかにごまかしがあると、真剣に自己の内と向き合うこと、自己を見つめることは難しくなってしまうのではないでしょうか。その結果、仏は本来の姿を私たちの前に現すことがなくなってしまうのではないかという気がするのです。

当たり前のことですが、私たちはだれでも一人で死んでいきます。誰かと共に悩み苦しみを共有できても、根本的な解決に至らない理由がここにも表れているように感じられてなりません。

もちろん、困難な時期には誰かにそばにいてもらう方が安心するでしょうし、悩み苦しみを一人で抱え込むようなことがあってはならないとも思います。

しかし、根本的な人間存在の悩みというものは、人間同士ではどうにもならない問題であること、そして仏教とは私たちの存在そのものの本質的な問いに対する答えを導いてくれる教えであることを、忘れないで欲しいと思います。

また、ここまでこの本を書いてきた中で気づかされたことがあります。

一般的に宗教といえば、私たち自身が特別な境地に向かって歩んでいくことを想像してしまいがちなように思います。私自身もつい最近まで、そのような視点に立って仏教と向き合ってきましたが、しかし今振りかえってみて思うのは、仏教の教えは私たちに対して何も変化などを求めてはいなかったということです。

仏教というのは私たちの側に変化を求めるというよりも、本来ありのままに存在している世の中の真理に「気づかせる」ために存在しているといってもよいのではないでしょうか。

動植物や物質などを含めたすべての事物が関連し、影響し合って存在している事実そのままの在りようであり、すべてが同時に動き、そして消滅していく世界、時間や空間などの概念さえもない「絶対的な真理の世界」がお釈迦様の開いたさとりであったとすれば、私たちは気づかなくとも全員がすでにその中にあり、本来その世界に気づくための努力などする必要もないはずなのです。

では、どうして私たちはその事実に気づくことができないのでしょうか。

その答えは、おのずと大拙氏や西田氏の思想に見つけられるように思います。つまり人間中心の色眼鏡をかけたままでいることによって、世の中のありのままの姿が捉えられなくなっているのです。

仏教は宗派によって教えの内容も様々であり、表面上からは全く接点を見出せないこともありますが、最終的に見ているところは同じ景色、すなわち私たちにそのような世界への気づきを与えようとしてくれているのではないかと思われてなりません。

また、何度か述べてきた内容ではありますが、西田氏の思想に関連してもう一度だけ触れておきたいことがあります。

それは世の中のあり方に関することですが、私たち一人ひとりの「意識」というものがあるからこそ、目の前の世界が存在しているのであって、自分自身の意識を抜きにしたままで客観的な世界の存在を証明できる人など、誰一人としていないということです。

それは逆に考えると、自らの意識が消滅してしまえば、目の前の世界も消滅してしまっている可能性は誰にも否定できないという意味になり、要するに自分のいなくなった後にも、今現在感覚や知覚によって感じられている世界が本当に存在しているのかどうかは、誰にも知り得ない事実なのです。

そして、そう考えてみるとある疑問が浮かんできます。

私たちはたった一つの宇宙を共有しているのではなく、どんな人であっても、それぞれが一つの宇宙を内に秘めていると受けとめることもできるのではないでしょうか。そして、それぞれの宇宙がお互い密接に関連し合って、この不可思議な現実を作り上げているとしてみるのも、あながち夢物語ではないようにさえ思えてきます。

もちろん、このような考え方は単なる空想ではありますが、私たち人間は感覚や知覚を超えた不可思議な現実に生きていること、そしてどんな人間でも一人ひとりが無限の可能性を秘めていることなどが、このような話一つからも理解できるような気がしてきます。


現代の日本において、私たちは物質的に恵まれた世の中を生きていますが、その反面心から満足して生活していると自信を持って言える人は、一体どのくらいいるのでしょうか。

そのような点から考えても、現代は近代化の波にのまれて何か大切なものを見失っているような気がしてなりません。そのような中、仏教とは今日の混乱する世の中に最も必要とされている、本来の人間性に立ち返っていくための大切な教えであるように思われます。

私たちは、科学技術や経済発展の輝かしさばかりに目を向けるのではなく、この国に脈々と受け継がれてきた「生きた仏教」の教えをもう一度見直し、近代化と共に歩んでいける道を探っていくべきなのかもしれません。

さいごに

最近は憲法改正の是非が話題にあがったこともあり、あらためて憲法というものが身近な存在であることに気づかされましたが、そもそもこの日本における憲法の始まりは、西暦六〇四年に聖徳太子の制定した「十七条憲法」にまでさかのぼることとなります。

当時聖徳太子は、国づくりのために仏教思想を積極的に導入していこうと考え、憲法の第二条には「篤く三宝を敬え」という言葉が用いられたほどなのです。「三宝」というのは、お釈迦様とお釈迦様の教え、そしてその教えを守る人々のことを意味しますが、つまりその三つの宝を敬うことを、生活の基盤にすえていたことになるでしょう。

もちろん、当時はいろいろな制度上の不備もあったとは思いますが、それを差し引いたとしても、日本という国の土台が築かれようとしていた時代において、仏教の教えが中心的な役割を担っていた事実に対しての率直な驚きと、そして感慨深い気持ちを抱かずにはいられません。

しかし、ひるがえって一四〇〇年後の現代を見つめてみますと、仏教というものの中身がどこにあるのか、一人ひとりが目を凝らしてみてもなかなか見えてこないのが実情であるように思われます。

私自身も仏教に興味を抱き、自分なりに学んで教えを理解しようと努めてきたつもりですが、結局過去の仏教者や親鸞聖人の教えなどに対し、内容が素晴らしいことが「頭」では理解できても、そのことを心の底から納得できないことに対し、何かうやむやなものを残したままであったというのが正直なところです。

しかし、そのようなときに鈴木大拙、西田幾多郎両氏の思想に触れる機縁があり、その著作を読み進めていくなかで、宗教、そして仏教というものに対してどうしても納得できなかった核心の部分に対する疑問が、次々と解消していくように感じられたのです。

そのような両氏の思想を現代の方々にも分かりやすく紹介してみたい気持ちと、自身の考えを整理しておきたい気持ちとが相まって、思いもよらず一冊の本を作るまでの決意が生じた次第です。

この本が、仏教に関心があってもその中身がよく分からないと感じている方々にとっての一助となれば、それほどうれしいことはありません。

最後に、もしここまで読み進めてくださった方がいるのであれば謝意を表しつつ、この本を終えたいと思います。

願わくは、我と皆様とともに仏道を成ぜんことを

【引用文献】

（注一）浄土真宗聖典　七祖篇　註釈版　浄土真宗本願寺派総合研究所編　本願寺出版社
一九九六年　五〇〇頁
（注二）浄土真宗聖典　註釈版　第二版　浄土真宗本願寺派総合研究所編　本願寺出版社
二〇〇四年　一四二九頁
（注三）同前　一一二四、一一二五頁
（注四）同前　七四六頁
（注五）同前　八〇一頁
（注六）教行信証　親鸞著　金子大栄校訂　岩波書店　一九五七年　一五七頁
（注七）浄土真宗聖典　註釈版　第二版　浄土真宗本願寺派総合研究所編　本願寺出版社
二〇〇四年　七一二頁
（注八）同前　七一〇頁
（注九）同前　七〇七頁

【引用文献】

(注十) 同前　七八五頁
(注十一) 教行信証　親鸞著　金子大栄校訂　岩波書店　一九五七年　七四頁
(注十二) 同前　九六頁
(注十三) 浄土真宗聖典　註釈版　第二版　浄土真宗本願寺派総合研究所編　本願寺出版社　二〇〇四年　六七八頁
(注十四) 同前　七三五頁
(注十五) 同前　七七八頁
(注十六) 同前　六九三頁
(注十七) 教行信証　親鸞著　金子大栄校訂　岩波書店　一九五七年　二七五頁
(注十八) 浄土真宗聖典　註釈版　第二版　浄土真宗本願寺派総合研究所編　本願寺出版社　二〇〇四年　六一四頁
(注十九) 教行信証　親鸞著　金子大栄校訂　岩波書店　一九五七年　三二五、三二六頁
(注二十) 歎異抄　金子大栄校注　岩波書店　一九八一年改版　四十五頁
(注二十一) 同前　六十六頁
(注二十二) 浄土真宗聖典　註釈版　第二版　浄土真宗本願寺派総合研究所編　本願寺出版

社　二〇〇四年　七四四頁
（注二十三）鈴木大拙全集　第七巻　鈴木大拙著　岩波書店　一九六八年　十頁
（注二十四）同前　一九、二〇頁
（注二十五）鈴木大拙全集〔増補新版〕第九巻　鈴木大拙著　岩波書店　二〇〇〇年 二九頁
（注二十六）鈴木大拙全集　第七巻　鈴木大拙著　岩波書店　一九六八年　八頁
（注二十七）同前　二〇頁
（注二十八）鈴木大拙全集　第五巻　鈴木大拙著　岩波書店　一九六八年　四〇六頁
（注二十九）ビギナーズ日本の思想　空海「即身成仏義」「声字実相義」「吽字義」　加藤精一編　角川学芸出版　二〇一三年　三七頁
（注三十）鈴木大拙全集〔増補新版〕第六巻　鈴木大拙著　岩波書店　二〇〇〇年　八〇頁
（注三十一）同前　二三八頁
（注三十二）同前　三〇二頁
（注三十三）同前　二二九頁
（注三十四）西田幾多郎随筆集　上田閑照編　岩波書店　一九九六年　七七頁
（注三十五）西田幾多郎全集　第一巻　西田幾多郎著　岩波書店　二〇〇三年　四四頁

【引用文献】

（注三十六）同前　七六、七七頁
（注三十七）同前　九頁
（注三十八）同前　三四頁
（注三十九）同前　九九頁
（注四十）同前　一二六頁
（注四十一）同前　一二七頁
（注四十二）西田幾多郎全集　第八巻　西田幾多郎著　岩波書店　二〇〇三年　三九〇頁
（注四十三）同前　三八三頁
（注四十四）同前　四二〇頁
（注四十五）西田幾多郎全集　第一巻　西田幾多郎著　岩波書店　二〇〇三年　一三六頁
（注四十六）同前　一五三頁
（注四十七）西田幾多郎全集　第十巻　西田幾多郎著　岩波書店　二〇〇四年　三六四頁
（注四十八）浄土真宗聖典　註釈版　第二版　浄土真宗本願寺派総合研究所編　本願寺出版社　二〇〇四年　六二二頁
（注四十九）鈴木大拙全集〔増補新版〕第三十三巻　鈴木大拙著　岩波書店　二〇〇二年

一六一頁

（注五十）鈴木大拙全集〔増補新版〕第二十巻　鈴木大拙著　岩波書店　二〇〇一年　一五九頁

（注五十一）同前

（注五十二）同前　二九七頁

（注五十三）正法眼蔵1　道元著　石井恭二（注釈・現代語訳）河出書房新社　一九九六年　一九、二〇頁

（注五十四）鈴木大拙全集　第二十七巻　鈴木大拙著　岩波書店　一九七〇年　二一頁

【参考文献】

・浄土真宗聖典　註釈版　第二版　浄土真宗本願寺派総合研究所編　本願寺出版社　二〇〇四年
・浄土真宗聖典　七祖篇　註釈版　浄土真宗本願寺派総合研究所編　本願寺出版社　一九九六年
・教行信証　親鸞著　金子大栄校訂　岩波書店　一九五七年
・歎異抄　金子大栄校注　岩波書店　一九八一年改版
・鈴木大拙全集　第五巻　鈴木大拙著　岩波書店　一九六八年
・鈴木大拙全集〔増補新版〕第六巻　鈴木大拙著　岩波書店　二〇〇〇年
・鈴木大拙全集　第七巻　鈴木大拙著　岩波書店　一九六八年
・鈴木大拙全集〔増補新版〕第九巻　鈴木大拙著　岩波書店　二〇〇〇年
・鈴木大拙全集〔増補新版〕第十巻　鈴木大拙著　岩波書店　二〇〇〇年
・鈴木大拙全集　第十一巻　鈴木大拙著　岩波書店　一九七〇年

・鈴木大拙全集〔増補新版〕第十四巻　鈴木大拙著　岩波書店　二〇〇〇年
・鈴木大拙全集〔増補新版〕第二十巻　鈴木大拙著　岩波書店　二〇〇一年
・鈴木大拙全集　第二十七巻　鈴木大拙著　岩波書店　一九七〇年
・鈴木大拙全集〔増補新版〕第三十三巻　鈴木大拙著　岩波書店　二〇〇二年
・語る大拙　鈴木大拙講演集1　禅者の他力論　鈴木大拙著　書肆心水　二〇一七年
・西田幾多郎随筆集　上田閑照編　岩波書店　一九九六年
・西田幾多郎全集　第一巻　西田幾多郎著　岩波書店　二〇〇三年
・西田幾多郎全集　第八巻　西田幾多郎著　岩波書店　二〇〇三年
・西田幾多郎全集　第十巻　西田幾多郎著　岩波書店　二〇〇四年
・正法眼蔵1　道元著　石井恭二（注釈・現代語訳）　河出書房新社　一九九六年
・ビギナーズ日本の思想　空海「即身成仏義」「声字実相義」「吽字義」　加藤精一編　角川学芸出版　二〇一三年
・ゴータマ・ブッダ　釈尊伝　中村元著　法藏館　一九五八年
・中村元『華厳経』『楞伽経』　中村元著　東京書籍株式会社　二〇〇三年
・才市同行　才市の生涯と周縁の人々　高木雪雄著　永田文昌堂　一九九一年

【参考文献】

・ご恩うれしや　妙好人「石見の才市」顕彰会編　妙好人「石見の才市」顕彰会発行　一九九五年
・妙好人　源左讃仰　高下恵証編　願正寺法要実行委員会発行　百華苑　一九七九年
・妙好人めぐりの旅　伊藤智誠著　法藏館　二〇一二年
・浄土教思想史　梯信暁著　法藏館　二〇一二年
・真宗史　中央仏教学院編集　本願寺出版社発行　一九八一年
・出家のすすめ　原　勝文著　国書刊行会　一九九四年

〈著者紹介〉
釈　凡生（しゃく　ぼんしょう）
農業系大学を卒業後、長く福祉関係の仕事に従事。身近な者の死をきっかけに仏教への関心が高まり、大学、専門学校の通信課程や独学にて仏教を学ぶ。特に鈴木大拙の著作には影響を受けており、その思想が教えを求める上での指針となっている。

改訂版 **現代に映る浄土**
鈴木大拙、西田幾多郎に学んで

二〇二四年九月十日　初版第一刷発行

著　者　釈　凡生
発行者　谷村勇輔
発行所　ブイツーソリューション
〒四六六・〇八四八
名古屋市昭和区長戸町四・四〇
電　話　〇五二・七九九・七三九一
ＦＡＸ　〇五二・七九九・七九八四
発売元　星雲社（共同出版社・流通責任出版社）
〒一一二・〇〇〇五
東京都文京区水道一・三・三〇
電　話　〇三・三八六八・三二七五
ＦＡＸ　〇三・三八六八・六五八八
印刷所　モリモト印刷

ISBN978-4-434-34399-5